Puschkin · Gedichte

AF203128

Alexander Puschkin

Gedichte

Russisch/Deutsch

Übersetzt von Kay Borowsky
und Rudolf Pollach

Anmerkungen von Kay Borowsky

Nachwort von
Johanna Renate Döring-Smirnov

Reclam

Der russische Text folgt der Ausgabe:

A. S. Puškin: Sobranie sočienij v 10-i tomach.
Moskau: Chudožestvennaja literatura, 1974–78.

RECLAMS UNIVERSAL-BIBLIOTHEK Nr. 3731
1998 Philipp Reclam jun. GmbH & Co. KG,
Siemensstraße 32, 71254 Ditzingen
Druck und Bindung: Esser printSolutions GmbH,
Untere Sonnenstraße 5, 84030 Ergolding
Printed in Germany 2024
RECLAM, UNIVERSAL-BIBLIOTHEK und
RECLAMS UNIVERSAL-BIBLIOTHEK sind eingetragene Marken
der Philipp Reclam jun. GmbH & Co. KG, Stuttgart
ISBN 978-3-15-003731-7

www.reclam.de

Inhalt

Роза

Где наша роза,
Друзья мои?
Увяла роза,
Дитя зари.
Не говори:
Так вянет младость!
Не говори:
Вот жизни радость!
Цветку скажи:
Прости, жалею!
И на лилею
Нам укажи.

1815

К морфею

Морфей, до утра дай отраду
Моей мучительной любви.
Приди, задуй мою лампаду,
Мои мечты благослови!
Сокрой от памяти унылой
Разлуки страшный приговор!
Пускай увижу милый взор,
Пускай услышу голос милый.
Когда ж умчится ночи мгла
И ты мои покинешь очи,
О, если бы душа могла
Забыть любовь до новой ночи!

1816

Die Rose

Wo ist unsre Rose, / meine Freunde? / Verwelkt ist die Rose, / des Morgenrots Kind. / Sag nicht: / So welkt die Jugend! / Sag nicht: / So geht's mit der Freude am Leben! / Sage zur Blüte: / Leb wohl, es tut mir leid! / und verweise uns / auf die Lilie.

B[1]

An Morpheus

Morpheus, bis zum Morgen schenke Labsal / meiner qualvollen Liebe. / Komm, blase mein Lämpchen aus, / segne meine Träume! / Verbirg vor dem verzagten Gedächtnis / das furchtbare Urteil der Trennung! / Laß mich den geliebten Blick sehen, / laß mich die geliebte Stimme hören. / Wenn aber das Dunkel der Nacht weicht / und du meine Augen verläßt – / oh, könnte meine Seele doch / ihre Liebe bis zu neuer Nacht vergessen!

B

1 *B:* Übersetzung von Kay Borowsky; *P:* Übersetzung von Rudolf Pollach.

Пробуждение

Мечты, мечты,
Где ваша сладость?
Где ты, где ты,
Ночная радость?
Исчезнул он,
Веселый сон,
И одинокий
Во тьме гдубокой
Я пробужден.
Кругом постели
Немая ночь.
Вмиг охладели,
Вмиг улетели
Толпою прочь
Любви мечтанья.
Еще полна
Душа желанья
И ловит сна
Воспоминанья.
Любовь, любовь,
Внемли моленья:
Пошли мне вновь
Свои виденья,
И поутру,
Вновь упоенный,
Пускай умру
Непробужденный.

1816

Erwachen

Träume, Träume, / wo ist eure Süße? / Wo bist du, wo bist du, / nächtliche Freude? / Entschwunden ist er, / der fröhliche Traum, / und einsam / im tiefen Dunkel / bin ich wach. / Um das Bett / die stumme Nacht. / Im Nu sind erkaltet, / im Nu sind / als Schwarm davongeflogen / die Träumereien der Liebe. / Noch ist die Seele / von Verlangen erfüllt / und hascht nach / den Erinnerungen des Traums. / Liebe, Liebe, / vernimm mein Flehen: / sende mir aufs neue / deine Gesichte, / und am Morgen, / wiederum trunken, / mag ich dann sterben, / ohne erwacht zu sein.

B

Желание

Медлительно влекутся дни мои,
И каждый миг в унылом сердце множит
Все горести несчастливой любви
И все мечты безумия тревожит.
Но я молчу; не слышен ропот мой;
Я слезы лью; мне слезы утешенье;
Моя душа, объятая тоской,
В ней горькое находит наслажденье.
О жизни сон! Лети, не жаль тебя,
Исчезни в тьме, пустое привиденье;
Мне дорого любви моей мученье,
Пускай умру, но пусть умру любя!

1816

Wunsch

Langsam schleppen sich meine Tage dahin, / und jeder Augenblick vermehrt im verzagten Herzen / all den Kummer der unglücklichen Liebe / und stört alle Träume der Unvernunft auf. / Doch ich schweige; mein Murren wird nicht laut; / ich vergieße Tränen; Tränen sind mir ein Trost; / meine Seele, in Trauer gefangen, / findet in ihr einen bitteren Genuß. / O Traum des Lebens! Fliehe dahin, es tut mir nicht leid um dich, / entschwinde im Dunkeln wie eine leere Erscheinung; / teuer ist mir die Qual meiner Liebe – / mag ich auch sterben, so möcht ich doch liebend sterben!

B

Царское Село

Хранитель милых чувств и прошлых наслаждений,
О ты, певцу дубрав давно знакомый гений,
Воспоминание, рисуй передо мной
Волшебные места, где я живу душой,
Леса, где я любил, где чувство развивалось,
Где с первой юностью младенчество сливалось
И где, взлелеянный природой и мечтой,
Я знал поэзию, веселость и покой . . .

Веди, веди меня под липовые сени,
Всегда любезные моей свободной лени,
На берег озера, на тихий скат холмов!..
Да вновь увижу я ковры густых лугов,
И дряхлый пук дерев, и светлую долину,
И злачных берегов знакомую картину,
И в тихом озере, средь блещущих зыбей,
Станицу гордую спокойных лебедей.

1817

Zarskoje Selo

Du Bewahrer mir teurer Gefühle und vergangener Wonnen, /
o du, dem Sänger der Haine lang vertrauter Genius, / Erinnerung, zeichne vor mich hin / jene zauberhaften Plätze, an
denen ich im Geiste noch lebe, / jene Wälder, in denen ich
liebte, wo sich mein Fühlen entwickelte, / wo das Kind zum
Jüngling reifte / und wo ich, umhegt von der Natur und vom
Traum, / die Poesie kennenlernte, / die Fröhlichkeit und die
Ruhe ...

Führe, führe mich in den Schatten der Linden, / der immer
so freundlich war meiner freien Muße, / zum Ufer des Sees,
auf den sanften Hang der Hügel! ... / Damit ich aufs neue
die Teppiche der dichten Wiesen sehe, / die Gruppe der
altersschwachen Bäume, das helle Tal, / das vertraute Bild
der grasreichen Ufer, / und im stillen See, in der flimmern-
den Kräuselung, / die stolze Schar der ruhigen Schwäne.

B

Дельвигу

Любовью, дружеством и ленью
Укрытый от забот и бед,
Живи под их надежной сенью;
В уединении ты счастлив: ты поэт.
Наперснику богов не страшны бури злые:
Над ним их промысел высокий и святой;
Его баюкают камены молодые
И с перстом на устах хранят его покой.
О милый друг, и мне богини песнопенья
Еще в младенческую грудь
Влияли искру вдохновенья
И тайный указали путь:
Я лирных звуков паслажденья
Младенцем чувствовать умел,
И лира стала мой удел.
Но где же вы, минуты упоенья,
Неизъяснимый сердца жар,
Одушевленный труд и слезы вдохновенья!
Как дым, исчез мой легкий дар.
Как рано зависти привлек я взор кровавый
И злобной клеветы невидимый кинжал!
Нет, нет, ни счастием, ни славой,
Ни гордой жаждою похвал
Не буду увлечен! В бездействии счастливом
Забуду милых муз, мучительниц моих;
Но, может быть, вздохну в восторге
                                    молчаливом,
Внимая звуку струн твоих.

1817

16

An Delwig

Durch die Liebe, die Freundschaft und die Muße / bewahrt vor Sorgen und Nöten, / lebe unter ihrem zuverlässigen Schutz; / in der Abgeschiedenheit bist du glücklich: du bist ein Dichter. / Den Liebling der Götter können schlimme Stürme nicht schrecken: / ihre hohe und heilige Vorsehung ist über ihm; / ihn singen die jungen Kamönen in Schlaf / und wachen, mit dem Finger auf den Lippen, über seiner Ruhe. / O lieber Freund, auch mir haben die Göttinnen des Gesangs / schon in die kindliche Brust / den Funken der Inspiration gelegt / und mir den geheimen Weg gewiesen: / schon als kleines Kind vermochte ich / den wonnevollen Klang der Leier zu fühlen, / und die Leier wurde mein Los. / Doch wo seid ihr, ihr rauschhaften Augenblicke, / du, unsagbares Brennen des Herzens, / du, begeisterte Arbeit, und ihr, Tränen der Inspiration! / Wie Rauch hat sich meine leichte Gabe verflüchtigt. / Wie früh zog ich den blutdürstigen Blick des Neides auf mich / und den unsichtbaren Dolch boshafter Verleumdung! / Nein, nein, nicht Glück, nicht Ruhm, / nicht stolzer Durst nach Lob / werden mich fortreißen! In glücklicher Untätigkeit / werde ich die teuren Musen, meine Quälgeister, vergessen; / vielleicht aber werde ich in schweigsamer Begeisterung seufzen, / wenn ich den Klang deiner Saiten vernehme.

B

К портрету Жуковского

Его стихов пленительная сладость
Пройдет веков завистливую даль,
И, внемля им, вздохнет о славе младость,
Утешится безмолвная печаль
И резвая задумается радость.

1818

К Чаадаеву

Любви, надежды, тихой славы
Недолго нежил нас обман,
Исчезли юные забавы,
Как сон, как утренний туман;
Но в нас горит еще желанье,
Под гнетом власти роковой
Нетерпеливою душой
Отчизны внемлем призыванье.
Мы ждем с томленьем упованья
Минуты вольности святой,
Как ждет любовник молодой
Минуты верного свиданья.
Пока свободою горим,
Пока сердца для чести живы,
Мой друг, отчизне посвятим
Души прекрасные порывы!
Товарищ, верь: взойдет она,
Звезда пленительного счастья,
Россия вспрянет ото сна,
И на обломках самовластья
Напишут наши имена!

1818

Auf ein Porträt von Shukowskij

Seiner Verse bezaubernde Süße / wird bis in die neidische Ferne der Jahrhunderte dringen, / und wenn die Jugend sie vernimmt, wird sie seufzen nach Ruhm, / der wortelose Gram wird getröstet sein, / und die ausgelassene Freude wird nachdenklich werden.

B

An Tschaadajew

Der Liebe, der Hoffnung, des stillen Ruhms / Täuschung umschmeichelte uns nicht lange, / die jugendlichen Vergnügungen schwanden / wie ein Traum, wie Morgennebel; / aber in uns brennt noch ein Wunsch, / unter dem Druck der verhängnisvollen Macht / vernehmen wir den Ruf des Vaterlandes / mit ungeduldiger Seele. / Wir erwarten mit sehnender Hoffnung / den Augenblick der heiligen Freiheit, / wie ein junger Liebhaber / den Augenblick des sicheren Wiedersehens erwartet. / Solange wir für die Freiheit erglühen, / solange die Herzen für die Ehre empfänglich sind, / weihen wir, mein Freund, dem Vaterland / die schönen Regungen der Seele! / Gefährte, glaube: er wird aufgehen, / der Stern eines bezaubernden Glücks, / Rußland wird aus dem Schlaf auffahren, / und auf den Trümmern der Selbstherrschaft / wird man unsere Namen schreiben.

P

Дорида

В Дориде нравятся и локоны златые,
И бледное лицо, и очи голубые . . .
Вчера, друзей моих оставя пир ночной,
В ее объятиях я негу пил душой;
Восторги быстрые восторгами сменялись,
Желанья гасли вдруг и снова разгорались;
Я таял; но среди неверной темноты
Другие милые мне виделись черты,
И весь я полон был таинственной печали,
И имя чуждое уста мои шептали.

1819

Недоконченная картина

Чья мысль восторгом угадала,
Постигла тайну красоты?
Чья кисть, о небо, означала
Сии небесные черты?

Ты, гений! . . Но любви страданья
Его сразили. Взор немой
Вперил он на свое созданье
И гаснет пламенной душой.

1819

Dorida

An Dorida gefallen die goldenen Locken, / das bleiche
Gesicht, die blauen Augen ... / Gestern, nachdem ich das
nächtliche Gelage der Freunde verlassen hatte, / trank ich in
ihren Armen tiefe Wonnen; / rasch folgte Verzückung auf
Verzückung, / das Verlangen erlosch plötzlich und entzün-
dete sich aufs neue; / ich sank dahin; doch in der vagen Dun-
kelheit / traten andere, mir liebe Züge vor mein Auge, / und
ganz erfüllt ward ich von unsagbarer Trauer, / und mein
Mund flüsterte den anderen Namen.

B

Unvollendetes Bild

Wes Denken hat, verzückt, das Geheimnis / der Schönheit
erahnt, es erfaßt? / Wes Pinsel, o Himmel, hat diese / him-
melsgleichen Züge bezeichnet?

Du, Genius! ... Doch Liebesleid / hat ihn niedergeworfen.
Seinen stummen Blick / hat er auf seine Schöpfung geheftet, /
und mit glühender Seele erlischt er.

B

Погасло дневное светило;
На море синее вечерний пал туман.
  Шуми, шуми, послушное ветрило,
Волнуйся подо мной, угрюмый океан.
    Я вижу берег отдаленный,
Земли полуденной волшебные края;
С волненьем и тоской туда стремлюся я,
    Воспоминаньем упоенный . . .
И чувствую: в очах родились слезы вновь;
    Душа кипит и замирает;
Мечта знакомая вокруг меня летает;
Я вспомнил прежних лет безумную любовь,
И всё, чем я страдал, и всё, что сердцу мило,
Желаний и надежд томительный обман . . .
  Шуми, шуми, послушное ветрило,
Волнуйся подо мной, угрюмый океан.
Лети, корабль, неси меня к пределам дальным
По грозной прихоти обманчивых морей,
    Но только не к брегам печальным
    Туманной родины моей,
    Страны, где пламенем страстей
    Впервые чувства разгорались,
Где музы нежные мне тайно улыбались,
    Где рано в бурях отцвела
    Моя потерянная младость,
Где легкокрылая мне изменила радость
И сердце хладное страданью предала.
    Искатель новых впечатлений,
  Я вас бежал, отечески края;
  Я вас бежал, питомцы наслаждений,
Минутной младости минутные друзья;
И вы, наперсницы порочных заблуждений,
Которым без любви я жертвовал собой,

22

Das Tagesgestirn ist erloschen; / auf das blaue Meer hat sich der Abendnebel gesenkt. / Rausche, rausche, gehorsames Segel, / woge unter mir, finsterer Ozean. / Ich sehe ein fernes Ufer, / die bezaubernden Gefilde eines südlichen Landes; / in Unruhe und Schwermut strebe ich dorthin, / erinnerungstrunken ... / Ich fühle: in den Augen bildeten sich aufs neue Tränen; / die Seele ist aufgewühlt und wird beklommen; / ein vertrautes Phantasiegebilde fliegt um mich herum; / ich erinnere mich an die törichte Liebe früherer Jahre, / an alles, woran ich litt und was dem Herzen lieb war, / an den quälenden Trug der Wünsche und Hoffnungen ... / Rausche, rausche, gehorsames Segel, / woge unter mir, finsterer Ozean. / Fliege, Schiff, trage mich zu fernen Ländern / nach der gebieterischen Laune der trügerischen Meere, / aber nur nicht zu den traurigen Ufern / meiner nebligen Heimat, / des Landes, wo die Gefühle zum ersten Mal / als Flamme der Leidenschaften aufloderten, / wo mir zärtliche Musen heimlich zulächelten, / wo meine verlorene Jugend / früh in Stürmen verblühte, / wo mich die leichtgeflügelte Freude betrog / und das erkaltete Herz an das Leiden auslieferte. / Ein Suchender neuer Eindrücke, / floh ich euch, väterliche Gefilde, / floh ich euch, Zöglinge der Genüsse, / der flüchtigen Jugend flüchtige Freunde; / auch ihr, Vertraute lasterhafter Verirrungen, / welchen ich ohne Liebe mich, / Ruhe,

Покоем, славою, свободой и душой,
И вы забыты мной, изменницы младые,
Подруги тайные моей весны златыя,
И вы забыты мной . . . Но прежних сердца ран,
Глубоких ран любви, ничто не излечило . . .
    Шуми, шуми, послушное ветрило,
Волнуйся подо мной, угрюмый океан . . .

1820

Муза

В младенчестве моем она меня любила
И семиствольную цевницу мне вручила.
Она внимала мне с улыбкой – и слегка,
По звонким скважинам пустого тростника,
Уже наигрывал я слабыми перстами
И гимны важные, внушенные богами,
И песни мирные фригийских пастухов.
С утра до вечера в немой тени дубов
Прилежно я внимал урокам девы тайной,
И, радуя меня наградою случайной,
Откинув локоны от милого чела,
Сама из рук моих свирель она брала.
Тростник был оживлен божественным дыханьем
И сердце наполнял святым очарованьем.

1821

Ruhm, Freiheit und Seele opferte, / auch ihr seid von mir vergessen, ihr jungen Treulosen, / ihr geheimen Freundinnen meines goldenen Frühlings, / auch ihr seid von mir vergessen ... Aber die früheren Wunden des Herzens, / die tiefen Wunden der Liebe, hat nichts geheilt ... / Rausche, rausche, gehorsames Segel, / woge unter mir, finsterer Ozean ...

P

Die Muse

Als ich ein Kind noch war, hat sie mich geliebt / und mir die Schalmei mit ihren sieben Rohren überreicht. / Lächelnd lauschte sie mir, und sachte, / den klingenden Öffnungen des leeren Rohrs entlang, / spielte ich schon mit schwachen Fingern / hohe, von den Göttern mir eingegebene Hymnen / und die friedvollen Lieder phrygischer Hirten. / Vom Morgen bis zum Abend hörte ich im stillen Schatten des Hains / aufmerksam auf die Lehre der geheimnisvollen Jungfrau, / und mit gelegentlichem Lohn mich erfreuend, / warf sie die Locken aus der holden Stirn / und nahm selbst aus meinen Händen die Flöte. / Vom göttlichen Hauch wurde das Schilfrohr belebt / und erfüllte mein Herz mit heiligem Zauber.

B

Чаадаеву

В стране, где я забыл тревоги прежних лет,
Где прах Овидиев пустынный мой сосед,
Где слава для меня предмет заботы малой,
Тебя недостает душе моей усталой.
Врагу стеснительных условий и оков,
Не трудно было мне отвыкнуть от пиров,
Где праздный ум блестит, тогда как сердце дремлет,
И правду пылкую приличий хлад объемлет.
Оставя шумный круг безумцев молодых,
В изгнании моем я не жалел об них;
Вздохнув, оставил я другие заблужденья,
Врагов моих предал проклятию забвенья,
И, сети разорвав, где бился я в плену,
Для сердца новую вкушаю тишину.
В уединении мой своенравный гений
Познал и тихий труд, и жажду размышлений.
Владею днем моим; с порядком дружен ум;
Учусь удерживать вниманье долгих дум;
Ищу вознаградить в объятиях свободы
Мятежной младостью утраченные годы
И в просвещении стать с веком наравне.
Богини мира, вновь явились музы мне
И независимым досугам улыбнулись;
Цевницы брошенной уста мои коснулись;
Старинный звук меня обрадовал – и вновь
Пою мои мечты, природу и любовь,
И дружбу верную, и милые предметы,
Пленявшие меня в младенческие леты,
В те дни, когда, еще не знаемый никем,
Не зная ни забот, ни цели, ни систем,

An Tschaadajew

In dem Land, in dem ich die Aufregungen früherer Jahre
vergessen habe, / wo die Asche Ovids mein einsamer Nachbar / und der Ruhm eine meiner geringsten Sorgen ist, /
fehlst du meiner müden Seele. / Mir, der ich ein Feind been-
gender Konventionen und Fesseln bin, / fiel es nicht schwer,
mich der Gelage zu entwöhnen, / auf denen der eitle Verstand brilliert, während das Herz im Schlummer liegt, / und
die Kühle des Anstands die feurige Wahrheit umarmt. / Als
ich den lärmenden Kreis der jungen Toren verlassen hatte, /
spürte ich in der Verbannung keine Sehnsucht nach ihnen; /
seufzend ließ ich manch andere Verirrungen hinter mir, / gab
meine Feinde dem Fluch des Vergessens anheim, / und nachdem ich die Netze, in denen ich während meiner Gefangenschaft gezappelt hatte, nun zerrissen habe, / koste ich eine
für mein Herz neue Stille. / In der Abgeschiedenheit hat
mein eigenwilliger Genius / den Wert der stillen Arbeit und
des Wissensdurstes erkannt. / Ich bestimme selbst über
meinen Tag; mein Verstand steht mit der Ordnung auf
freundschaftlichem Fuß; / ich lerne es, die Aufmerksamkeit
für lange Gedankengänge aufzubringen; / ich suche, in den
Umarmungen der Freiheit / die durch die stürmische Jugend
vergeudeten Jahre wettzumachen / und nicht hinter der Aufklärung meiner Zeit zurückzubleiben. / Von neuem sind mir
die Göttinnen der Welt, die Musen, erschienen / und haben
meinen unabhängigen Mußestunden zugelächelt; / mein
Mund hat die liegengelassene Schalmei berührt; / der alte
Klang hat mich erfreut – und wieder / besinge ich meine
Träume, die Natur und die Liebe, / die treue Freundschaft
und die lieben Dinge, / die mich in jungen Jahren gefesselt
haben, / in jenen Tagen, als ich, noch von niemandem
gekannt, / und ohne Sorgen zu kennen, ein Ziel oder

Я пеньем оглашал приют забав и лени
И царскосельские хранительные сени.

Но дружбы нет со мной. Печальный, вижу я
Лазурь чужих небес, полдневные края;
Ни музы, ни труды, ни радости досуга –
Ничто не заменит единственного друга.
Ты был целителем моих душевных сил;
О неизменный друг, тебе я посвятил
И краткий век, уже испытанный судьбою,
И чувства – может быть спасенные тобою!
Ты сердце знал мое во цвете юных дней;
Ты видел, как потом в волнении страстей
Я тайно изнывал, страдалец утомленный;
В минуту гибели над бездной потаенной
Ты поддержал меня недремлющей рукой;
Ты другу заменил надежду и покой;
Во глубину души вникая строгим взором,
Ты оживлял ее советом иль укором;
Твой жар воспламенял к высокому любовь;
Терпенье смелое во мне рождалось вновь;
Уж голос клеветы не мог меня обидеть,
Умел я презирать, умея ненавидеть.
Что нужды было мне в торжественном суде
Холопа знатного, невежды при звезде,
Или философа, который в прежни лета
Развратом изумил четыре части света,
Но, просветив себя, загладил свой позор:
Отвыкнул от вина и стал картежный вор?
Оратор Лужников, никем не замечаем,
Мне мало досаждал своим безвредным лаем.
Мне ль было сетовать о толках шалунов,
О лепетанье дам, зоилов и глупцов

Systeme, / mit meinem Gesang den Zufluchtsort meiner Vergnügungen und meiner Beschaulichkeit / und die schützenden Schatten von Zarskoje Selo erfüllte.

Doch die Freundschaft ist nicht mit mir. / Ich sehe, traurig, das Lasurblau eines fremden Himmels, die mittäglichen Landstriche; / weder die Musen noch die Arbeit noch die Freuden der Muße – / nichts kann mir den einzigen Freund ersetzen. / Du wußtest meine inneren Kräfte zu schätzen; / o du mein unwandelbarer Freund, dir widmete ich / mein kurzes, vom Schicksal schon geprüftes Leben, / und meine vielleicht von dir gerettetten Gefühle! / Du kanntest mein Herz in der Blüte junger Tage; / du sahst, wie ich später in aufwühlender Leidenschaft / als müder Dulder insgeheim vor Gram verging; / im Augenblick des Verderbens über dem verborgenen Abgrund / hieltest du mich mit nie ermüdender Hand; / du ersetztest dem Freunde Hoffnung und Ruhe; / mit prüfendem Blick drangst du in die Tiefe meiner Seele / und belebtest sie mit Rat oder Tadel; / dein Feuer entfachte meine Liebe zum Hohen; / kühnes Ausharren wuchs in mir aufs neue; / schon vermochte mich die Stimme der Verleumdung nicht mehr zu kränken, / außer zu hassen, konnte ich nun auch verachten. / Was sollte mir da das feierliche Gericht / des wohlbekannten Kriechers, des Ignoranten mit dem Ordensstern, / oder des Philosophen, der in früheren Jahren / durch seine Unzucht die vier Erdteile in Erstaunen versetzt hatte, / doch zu Vernunft kam und seine Schande wiedergutmachte?: / Er hat sich den Wein abgewöhnt und ist ein leidenschaftlicher Falschspieler geworden. / Der von niemandem zur Kenntnis genommene Redner Lushnikow / ist mir mit seinem harmlosen Bellen kaum lästig geworden. / Hätte ich etwa klagen sollen über das Gerede der Schelme, / über das Geplapper der Damen, Giftspritzer und Dumm-

И сплетней разбирать игривую затею,
Когда гордиться мог я дружбою твоею?
Благодарю богов: прешел я мрачный путь;
Печали ранние мою теснили грудь;
К печалям я привык, расчелся я с судьбою
И жизнь перенесу стоической душою.

Одно желание: останься ты со мной!
Небес я не томил молитвою другой.
О скоро ли, мой друг, настанет срок разлуки?
Когда соединим слова любви и руки?
Когда услышу я сердечный твой привет? . .
Как обниму тебя! Увижу кабинет,
Где ты всегда мудрец, а иногда мечтатель
И ветреной толпы бесстрастный наблюдатель.
Приду, приду я вновь, мой милый домосед,
С тобою вспоминать беседы прежних лет,
Младые вечера, пророческие споры,
Знакомых мертвецов живые разговоры,
Поспорим, перечтем, посудим, побраним,
Вольнолюбивые надежды оживим,
И счастлив буду я; но только, ради бога,
Гони ты Шеппинга от нашего порога.

1821

köpfe / und die rührige Intrige der Gerüchte auseinandernehmen sollen, / wo ich mich doch deiner Freundschaft rühmen konnte? / Ich danke den Göttern: ich habe einen finsteren Weg zurückgelegt; / früher Kummer beengte mir die Brust; / ich habe mich an den Kummer gewöhnt, ich habe mit dem Schicksal meine Rechnung gemacht / und werde das Leben mit stoischem Gleichmut ertragen.

Ein Wunsch nur: bleibe du bei mir! / Mit einem anderen Gebet habe ich den Himmel nicht belästigt. / Hoffentlich, mein Freund, schlägt hier bald meine Abschiedsstunde. / Wann werden wir die Worte unserer Liebe und unsere Hände vereinigen? / Wann werde ich deinen herzlichen Willkommensgruß vernehmen? ... / Wie will ich dich umarmen! Ich werde das Arbeitszimmer sehen, / in dem du stets ein Weiser und bisweilen ein Träumer bist / und ein leidenschaftsloser Beobachter der leichtsinnigen Menge. / Ich komme, ich komme wieder, mein lieber Stubenhocker, / um mich mit dir der Gespräche früherer Jahre zu erinnern, / der jungen Abende, der zukunftsträchtigen Diskussionen, / der lebhaften Unterhaltungen unserer Toten, / wir wollen streiten, nachzählen, abwägen, tadeln, / die freiheitsliebenden Hoffnungen von neuem beleben, / und ich werde glücklich sein; nur jage um Gottes willen / Schöpping von unserer Schwelle.

B

Птичка

В чужбине свято наблюдаю
Родной обычай старины:
На волю птичку выпускаю
При светлом празднике весны.

Я стал доступен утешенью;
За что на бога мне роптать,
Когда хоть одному творенью
Я мог свободу даровать!

1823

Кто, волны, вас остановил,
Кто оковал ваш бег могучий,
Кто в пруд безмолвный и дремучий
Поток мятежный обратил?
Чей жезл волшебный поразил
Во мне надежду, скорбь и радость
И душу бурную
Дремотой лени усыпил?
Взыграйте, ветры, взройте воды,
Разрушьте гибельный оплот!
Где ты, гроза – символ свободы?
Промчись поверх невольных вод.

1823

Das Vöglein

Heilig ist mir in der Fremde / der vertraute Brauch aus alter Zeit: / Beim lichten Fest des Frühlings / entlasse ich ein Vöglein in die Freiheit.

Ich bin empfänglich geworden für diesen Trost; / weswegen sollte ich gegen Gott murren, / da ich doch immerhin einer seiner Kreaturen / die Freiheit schenken konnte?

B

Wer, Wellen, brachte euch zum Stehn, / wer hat euren machtvollen Lauf gefesselt, / wer hat euer stürmisches Strömen / in einen stummen, undurchdringlichen See verwandelt? / Wessen Zauberstab hat in mir / Hoffnung, Leid und Freude vernichtet / und meine ungestüme Seele / mit dem Schlummer der Untätigkeit eingeschläfert? / Los, ihr Winde, wühlt das Wasser auf, / zerstört das Verderben bringende Bollwerk! / Wo bist du, Gewittersturm – Symbol der Freiheit? / Jage dahin über das gefangene Wasser!

B

Завидую тебе, питомец моря смелый,
Под сенью парусов и в бурях поседелый!
Спокойной пристани давно ли ты достиг —
Давно ли тишины вкусил отрадный миг —
И вновь тебя зовут заманчивые волны.
Дай руку — в нас сердца единой страстью полны.
Для неба дального, для отдаленных стран
Оставим берега Европы обветшалой;
Ищу стихий других, земли жилец усталый;
Приветствую тебя, свободный океан.

1823

Надеждой сладостной младенчески дыша,
Когда бы верил я, что некогда душа,
От тленья убежав, уносит мысли вечны,
И память, и любовь в пучины бесконечны, —
Клянусь! давно бы я оставил этот мир:
Я сокрушил бы жизнь, уродливый кумир,
И улетел в страну свободы, наслаждений,
В страну, где смерти нет, где нет предрассуждений,
Где мысль одна плывет в небесной чистоте . . .

Но тщетно предаюсь обманчивой мечте;
Мой ум упорствует, надежду презирает . . .
Ничтожество меня за гробом ожидает . . .
Как, ничего! Ни мысль, ни первая любовь!
Мне страшно! . . И на жизнь гляжу печален вновь,
И долго жить хочу, чтоб долго образ милый
Таился и пылал в душе моей унылой.

1823

Ich beneide dich, kühner Zögling des Meeres, / der du im Schatten der Segel und in den Stürmen ergraut bist! / Wenn du auch schon längst den ruhigen Hafen erreicht, / wenn du auch schon längst den erfreulichen Augenblick der Stille gekostet hast – / wieder rufen dich die verlockenden Wellen. / Reich mir die Hand: unsere Herzen sind von der gleichen Leidenschaft erfüllt. / Verlassen wir für einen fernen Himmel, für entfernte Länder / die Ufer des hinfälligen Europa; / ich suche andere Elemente, ich, der müde Bewohner der Erde; / freier Ozean, ich grüße dich.

B

Wenn ich, in süßer Hoffnung kindlich atmend, / glaubte, daß die Seele einst, / wenn sie der Verwesung entronnen ist, die ewigen Gedanken, / die Erinnerung und die Liebe in die unendlichen Abgründe mit sich nimmt – / ich schwöre! längst hätte ich diese Welt verlassen: / ich hätte das Leben vernichtet, diesen abscheulichen Götzen, / ich wäre in das Land der Freiheit, der Wonnen fortgeflogen, / in das Land, wo es keinen Tod, wo es keine Vorurteile gibt, / wo der Gedanke allein in himmlischer Reinheit schwimmt . . .

Aber umsonst gebe ich mich dem verführerischen Traum hin; / mein Verstand widersetzt sich, er verachtet die Hoffnung . . . / Das Nichts erwartet mich jenseits des Grabes . . . / Wie, nichts! Weder ein Gedanke, noch eine erste Liebe! / Ich habe Angst . . . Und von neuem blicke ich traurig auf das Leben, / und ich will lange leben, damit lange das liebe Bild / verborgen in meiner traurigen Seele flammt.

P

Демон

В те дни, когда мне были новы
Все впечатленья бытия –
И взоры дев, и шум дубровы,
И ночью пенье соловья, –
Когда возвышенные чувства,
Свобода, слава и любовь
И вдохновенные искусства
Так сильно волновали кровь,
Часы надежд и наслаждений
Тоской внезапной осеня,
Тогда какой-то злобный гений
Стал тайно навещать меня.
Печальны были наши встречи:
Его улыбка, чудный взгляд,
Его язвительные речи
Вливали в душу хладный яд.
Неистощимой клеветою
Он провиденье искушал;
Он звал прекрасное мечтою;
Он вдохновенье презирал;
Не верил он любви, свободе;
На жизнь насмешливо глядел –
И ничего во всей природе
Благословить он не хотел.

1823

Der Dämon

In jenen Tagen, als mir neu waren / alle Eindrücke des Daseins – / die Blicke der Mädchen, das Rauschen des Hains, / nachts das Singen der Nachtigall –, / als erhabene Gefühle, / Freiheit, Ruhm und Liebe / und die inspirierenden Künste / das Blut so stark erregten, / die Stunden der Hoffnungen und Wonnen / durch plötzliche Trauer überschattend – / damals begann mich ein böser Genius / heimlich zu besuchen. / Traurig waren unsere Begegnungen: / Sein Lächeln, der seltsame Blick, / seine verletzenden Worte / träufelten kaltes Gift in meine Seele. / Durch ständige Verleumdung / stellte er die Vorsehung auf die Probe; / er nannte das Schöne Einbildung; / er verachtete die Inspiration; / er traute nicht der Liebe, nicht der Freiheit; / spöttisch betrachtete er das Leben – / und nichts in der ganzen Natur / wollte er gutheißen.

P

Изыде сеятель сеяти семена своя.

Свободы сеятель пустынный,
Я вышел рано, до звезды;
Рукою чистой и безвинной
В порабощенные бразды
Бросал живительное семя –
Но потерял я только время,
Благие мысли и труды . . .

Паситесь, мирные народы!
Вас не разбудит чести клич.
К чему стадам дары свободы?
Их должно резать или стричь.
Наследство их из рода в роды
Ярмо с гремушками да бич.

1823

Ein Sämann ging aus, zu säen seinen Samen.

Ein einsamer Sämann der Freiheit , / so ging ich früh, noch
vor Aufgang des Morgensterns, hinaus; / mit reiner, unschul-
diger Hand / warf ich den Leben weckenden Samen / in die
versklavten Furchen – / doch verschwendete ich nur meine
Zeit, / meine gutgemeinten Gedanken und Mühen . . .

Weidet nur weiter, ihr friedlichen Völker! / Euch wird der
Ruf der Ehre nicht wecken. / Wozu den Herden die Gaben
der Freiheit? / Sie sind da, um geschlachtet oder geschoren
zu werden. / Ihr Erbteil ist von Geschlecht zu Geschlecht /
das Joch mit den Schellen und die Peitsche.

B

Телега жизни

Хоть тяжело подчас в ней бремя,
Телега на ходу легка;
Ямщик лихой, седое время,
Везет, не слезет с облучка.

С утра садимся мы в телегу;
Мы рады голову сломать
И, презирая лень и негу,
Кричим: пошел! . . . .

Но в полдень нет уж той отваги;
Порастрясло нас; нам страшней
И косогоры и овраги;
Кричим: полегче, дуралей!

Катит по-прежнему телега;
Под вечер мы привыкли к ней
И, дремля, едем до ночлега –
А время гонит лошадей.

1823

Der Wagen des Lebens

Wie schwer bisweilen die Last in ihm auch sei, / bei der Fahrt
ist der Wagen leicht; / der kühne Kutscher – die graue Zeit – /
lenkt, ohne vom Bock herabzusteigen.

Gleich morgens setzen wir uns in den Wagen; / gern brechen
wir uns das Genick, / und Trägheit und Behagen verachtend, /
rufen wir: los! . . . .

Doch gegen Mittag ist der Mut nicht mehr der gleiche; / wir
sind durchgeschüttelt worden; schrecklicher erscheinen uns /
Hänge und Schluchten; / wir rufen: sanfter, du Dummkopf!

Der Wagen läuft wie bisher; / gegen Abend haben wir uns an
ihn gewöhnt, / und im Halbschlaf fahren wir zu unserem
Nachtquartier – / die Zeit aber treibt die Pferde an.

B

К морю

Прощай, свободная стихия!
В последний раз передо мной
Ты катишь волны голубые
И блещешь гордою красой.

Как друга ропот заунывный,
Как зов его в прощальный час,
Твой грустный шум, твой шум призывный
Услышал я в последний раз.

Моей души предел желанный!
Как часто по брегам твоим
Бродил я тихий и туманный,
Заветным умыслом томим!

Как я любил твои отзывы,
Глухие звуки, бездны глас,
И тишину в вечерний час,
И своенравные порывы!

Смиренный парус рыбарей,
Твоею прихотью хранимый,
Скользит отважно средь зыбей:
Но ты взыграл, неодолимый,
И стая тонет кораблей.

Не удалось навек оставить
Мне скучный, неподвижный брег,
Тебя восторгами поздравить
И по хребтам твоим направить
Мой поэтический побег!

An das Meer

Leb wohl, du freies Element! / Zum letzten Mal rollst du / vor mir deine blauen Wogen / und strahlst in stolzer Schönheit.

So wie des Freundes wehmütiges Stöhnen, / so wie sein Ruf in der Stunde des Abschieds, / vernahm ich zum letzten Mal / dein trauriges Rauschen, dein Rauschen, das mich rief.

Du meines Herzens so erwünschtes Reich! / Wie oft schweifte ich, still und umdüstert / und von einem geheimen Plan gequält, / an deinen Ufern dahin!

Wie liebte ich dein Widerhallen, / die dumpfen Laute, des Abgrunds Stimme, / die Stille zur Abendstunde / und deine eigenwilligen Ausbrüche!

Das bescheidene Segel der Fischer, / von deiner Laune beschützt, / gleitet kühn durch die Kräuselung; / doch unbezähmbar bäumst du dich auf, / und es versinkt die Schar der Schiffe.

Es wollte mir nicht glücken, für immer / das mir öde, reglose Ufer zu verlassen, / voll Entzücken dich zu begrüßen / und als Dichter über deine Wellenrücken zu lenken / meine Flucht!

Ты ждал, ты звал ... я был окован;
Вотще рвалась душа моя:
Могучей страстью очарован,
У берегов остался я ...

О чем жалеть? Куда бы ныне
Я путь беспечный устремил?
Один предмет в твоей пустыне
Мою бы душу поразил.

Одна скала, гробница славы ...
Там погружались в хладный сон
Воспоминанья величавы:
Там угасал Наполеон.

Там он почил среди мучений.
И вслед за ним, как бури шум,
Другой от нас умчался гений,
Другой властитель наших дум.

Исчез, оплаканный свободой,
Оставя миру свой венец.
Шуми, взволнуйся непогодой:
Он был, о море, твой певец.

Твой образ был на нем означен,
Он духом создан был твоим:
Как ты, могущ, глубок и мрачен,
Как ты, ничем неукротим.

Мир опустел ... Теперь куда же
Меня б ты вынес, океан?
Судьба земли повсюду та же:

Du harrtest, du riefst ... ich war gefesselt; / vergeblich strebte meine Seele fort: / von einer machtvollen Leidenschaft verzaubert, / blieb ich an deinem Gestade ...

Was gibt es zu bereuen? Wohin hätte ich denn heute / meinen unbekümmerten Weg gelenkt? / Eines nur hätte in deiner Wüste / Eindruck auf mich gemacht.

Ein Fels, Grabmal des Ruhms ... / Dort sind in einen kalten Schlaf gesunken / die Erinnerungen an eine erhabene Größe: / dort ist Napoleon erloschen.

Dort entschlief er unter Qualen. / Und ihm nach, wie Sturmestosen, / eilte ein anderer Genius von uns fort, / ein anderer Herrscher über unsre Gedanken.

Fort ging er, von der Freiheit beweint, / und ließ der Welt seinen Kranz zurück. / Rausche, walle im Unwetter auf: / er war dein Sänger, o Meer.

Er war geprägt von deinem Bild, / von deinem Geist war er geschaffen: / wie du war er gewaltig, tief und düster, / wie du ward er von nichts bezwungen.

Die Welt ward leer ... Wohin, / Ozean, trügst du mich jetzt? / Das Schicksal der Erde ist überall gleich: / wo es auch nur ein

Где капля блага, там на страже,
Уж просвещенье иль тиран.

Прощай же, море! Не забуду
Твоей торжественной красы,
И долго, долго слышать буду
Твой гул в вечерние часы.

В леса, в пустыни молчаливы
Перенесу, тобою полн,
Твои скалы, твои заливы,
И блеск, и тень, и говор волн.

1824

bißchen Gutes gibt, steht es unter der Bewachung / der Aufklärung oder eines Tyrannen.

Leb wohl, o Meer! Nie vergesse ich / deine majestätische Schönheit, / und lange, lange noch werde ich / zur Abendstunde dein Tosen vernehmen.

In Wälder, in schweigsame Wüsteneien / werde ich, erfüllt von dir, / deine Felsen, deine Buchten mitnehmen, / deinen Glanz, deinen Schatten, das Murmeln deiner Wellen.

B

О муза пламенной сатиры!
Приди на мой призывный клич!
Не нужно мне гремящей лиры,
Вручи мне Ювеналов бич!
Не подражателям холодным,
Не переводчикам голодным,
Не безответным рифмачам
Готовлю язвы эпиграмм!
Мир вам, несчастные поэты,
Мир вам, журнальные клевреты,
Мир вам, смиренные глупцы!
А вы, ребята подлецы, –
Вперед! Всю вашу сволочь буду
Я мучить казнию стыда!
Но если же кого забуду,
Прошу напомнить, господа!
О, сколько лиц бесстыдно-бледных,
О, сколько лбов широко-медных
Готовы от меня принять
Неизгладимую печать!

1824

O Muse der flammenden Satire! / Eile her auf meinen dringenden Ruf! / Ich brauche nicht die klingende Leier, / gib mir die Peitsche Juvenals in die Hand! / Nicht für die kalten Nachahmer, / nicht für die hungernden Übersetzer, / nicht für die schüchternen Reimschmiede / bereite ich meine Verderben bringenden Epigramme! / Friede euch, ihr glücklosen Poeten, / Friede euch, ihr Konsorten von der Journaille, / Friede euch, ihr demütigen Dummköpfe! / Ihr aber, ihr Schufte – hervor! / Euch ganzes Gesindel werde ich / quälen mit der Strafe der Schande! / Und sollte ich einen vergessen, / bitte, erinnern Sie mich dann, meine Herren! / Oh, wieviel schamlose, bleiche Gesichter, / oh, wieviel breite, kupferrote Stirnen / stehn schon bereit, um von mir / einen unauslöschlichen Stempel zu empfangen!

B

К ***

Я помню чудное мгновенье:
Передо мной явилась ты,
Как мимолетное виденье,
Как гений чистой красоты.

В томленьях грусти безнадежной,
В тревогах шумной суеты,
Звучал мне долго голос нежный
И снились милые черты.

Шли годы. Бурь порыв мятежный
Рассеял прежние мечты,
И я забыл твой голос нежный,
Твои небесные черты.

В глуши, во мраке заточенья
Тянулись тихо дни мои
Без божества, без вдохновенья,
Без слез, без жизни, без любви.

Душе настало пробужденье:
И вот опять явилась ты,
Как мимолетное виденье,
Как гений чистой красоты.

И сердце бьется в упоенье,
И для него воскресли вновь
И божество, и вдохновенье,
И жизнь, и слезы, и любовь.

1825

An***

Ich erinnere mich des wunderbaren Augenblicks: / Du erschienst vor mir / wie eine flüchtige Vision, / wie der Genius der reinen Schönheit.

Unter den Qualen hoffnungsloser Trauer, / in den Wirrnissen lärmender Eitelkeit / erklang mir lange deine zärtliche Stimme, / und ich träumte von deinen lieben Zügen.

Jahre vergingen. Eine wilde Sturmbö / zerstreute die früheren Phantasien, / und ich vergaß deine zärtliche Stimme, / deine himmlischen Züge.

In der Einöde, im Dunkel der Verbannung / zogen sich still meine Tage hin, / ohne Gottheit, ohne Inspiration, / ohne Tränen, ohne Leben, ohne Liebe.

Dann erwachte die Seele: / Und da erschienst du wieder / wie eine flüchtige Erscheinung, / wie der Genius reiner Schönheit.

Das Herz schlägt in Ekstase. / und von neuem erstanden ihm / Gottheit und Inspiration, / Leben, Tränen und Liebe.

P

Цветы последние милей
Роскошных первенцев полей.
Они унылые мечтанья
Живее пробуждают в нас.
Так иногда разлуки час
Живее сладкого свиданья.

1825

Зимний вечер

Буря мглою небо кроет,
Вихри снежные крутя;
То, как зверь, она завоет,
То заплачет, как дитя,
То по кровле обветшалой
Вдруг соломой зашумит,
То, как путник запоздалый,
К нам в окошко застучит.

Наша ветхая лачужка
И печальна и темна.
Что же ты, моя старушка,
Приумолкла у окна?
Или бури завываньем
Ты, мой друг, утомлена,
Или дремлешь под жужжаньем
Своего веретена?

Выпьем, добрая подружка
Бедной юности моей,
Выпьем с горя; где же кружка?

Lieber sind mir die letzten Blumen / als die üppigen Erstlinge der Felder. / Lebendiger erregen sie in uns / die verzagten Gedanken. / So ist bisweilen die Stunde des Abschieds lebendiger / als eine süße Begegnung.

B

Winterabend

Der Sturm verhüllt den Himmel mit Nebel / und läßt die Schneewirbel kreisen; / bald beginnt er wie ein Tier zu heulen, / bald zu weinen wie ein Kind, / bald auf dem verfallenen Dach / plötzlich mit dem Stroh zu rascheln, / bald wie ein verspäteter Wanderer / an unser Fenster zu klopfen.

Unsere alte Hütte / ist traurig und dunkel. / Was bist du denn, meine Alte, / am Fenster in Schweigen versunken? / Wurdest du, meine Liebe, müde / durch das Sturmestosen, / oder schlummerst du beim Surren / deiner Spindel?

Trinken wir, liebe Gefährtin / meiner armseligen Jugend, / trinken wir aus Kummer; wo ist der Krug? / Das Herz wird

Сердцу будет веселей.
Спой мне песню, как синица
тихо за морем жила;
Спой мне песню, как девица
За водой поутру шла.

Буря мглою небо кроет,
Вихри снежные крутя;
То, как зверь, она завоет,
То заплачет, как дитя.
Выпьем, добрая подружка
Бедной юности моей,
Выпьем с горя: где же кружка?
Сердцу будет веселей.

1825

К Вяземскому

Так море, древний душегубец,
Воспламеняет гений твой?
Ты славишь лирой золотой
Нептуна грозного трезубец.

Не славь его. В наш гнусный век
Седой Нептун земли союзник.
На всех стихиях человек –
Тиран, предатель или узник.

1826

fröhlicher werden. / Singe mir das Lied, wie die Meise / still jenseits des Meeres lebte; / singe mir das Lied, wie die Jungfrau / am Morgen Wasser holen ging.

Der Sturm verhüllt den Himmel mit Nebel / und läßt die Schneewirbel kreisen; / bald beginnt er wie ein Tier zu heulen, / bald zu weinen wie ein Kind. / Trinken wir, liebe Gefährtin / meiner armseligen Jugend, / trinken wir aus Kummer: wo ist der Krug? / Das Herz wird fröhlicher werden.

P

An Wjasemskij

Das Meer also, der alte Seelenverderber, / entflammt deinen Genius? / Mit goldener Leier rühmst du / den furchtgebietenden Dreizack Neptuns.

Rühme ihn nicht. In unserem schändlichen Jahrhundert / ist der grauhaarige Neptun ein Verbündeter der Erde. / In allen Elementen ist der Mensch / Tyrann, Verräter oder Gefangener.

B

Пророк

Духовной жаждою томим,
В пустыне мрачной я влачился,
И шестикрылый серафим
На перепутье мне явился;
Перстами легкими как сон
Моих зениц коснулся он:
Отверзлись вещие зеницы,
Как у испуганной орлицы.
Моих ушей коснулся он,
И их наполнил шум и звон:
И внял я неба содроганье,
И горний ангелов полет,
И гад морских подводный ход,
И дольней лозы прозябанье.
И он к устам моим приник,
И вырвал грешный мой язык,
И празднословный и лукавый,
И жало мудрыя змеи
В уста замершие мои
Вложил десницею кровавой.
И он мне грудь рассек мечом,
И сердце трепетное вынул,
И угль, пылающий огнем,
Во грудь отверстую водвинул.
Как труп в пустыне я лежал,
И бога глас ко мне воззвал:
«Восстань, пророк, и виждь, и внемли,
Исполнись волею моей,
И, обходя моря и земли,
Глаголом жги сердца людей».

1826

Der Prophet

Von geistigem Durst gequält, / schleppte ich mich in der finsteren Wüste dahin, / und ein sechsflügeliger Seraph / erschien mir auf dem Kreuzweg; / mit Fingern leicht wie der Schlaf / berührte er meine Pupillen: / Es öffneten sich die erleuchteten Augensterne / wie bei einer erschrockenen Adlerin. / Er berührte meine Ohren, / und Lärm und Klang erfüllte sie: / Ich vernahm das Erzittern des Himmels / und den Himmelsflug der Engel, / die Bewegung der Meeresungeheuer unter Wasser / und das Wachsen der Rebe im Tal. / Und er hat sich zu meinem Mund herabgeneigt / und meine sündige Zunge herausgerissen, / schwatzhaft und hinterlistig, / und die Zunge der weisen Schlange / hat er mit blutiger Hand / in meinen erstarrenden Mund gelegt. / Und er hat mir die Brust mit dem Schwert gespalten, / das zuckende Herz herausgenommen / und eine feuerglühende Kohle / in meine geöffnete Brust gelegt. / Wie ein Leichnam lag ich in der Wüste, / und Gottes Stimme rief mich an: »Erhebe dich, Prophet, und sieh, und vernimm, / erfülle dich mit meinem Willen, / und Länder und Meere durchwandernd, / entzünde mit dem Wort die Herzen der Menschen.«

P

Зимняя дорога

Сквозь волнистые туманы
Пробирается луна,
На печальные поляны
Льет печально свет она.

По дороге зимней, скучной
Тройка борзая бежит,
Колокольчик однозвучный
Утомительно гремит.

Что-то слышится родное
В долгих песнях ямщика:
То разгулье удалое,
То сердечная тоска . . .

Ни огня, ни черной хаты,
Глушь и снег . . . Навстречу мне
Только версты полосаты
Попадаются одне . . .

Скучно, грустно . . . Завтра, Нина,
Завтра к милой возвратясь,
Я забудусь у камина,
Загляжусь не наглядясь.

Звучно стрелка часовая
Мерный круг свой совершит,
И, докучных удаляя,
Полночь нас не разлучит.

Winterlicher Weg

Durch wogenden Nebel / tritt der Mond hervor, / gießt auf traurige Lichtungen / traurig sein Licht.

Über den öden, winterlichen Weg / läuft die rasche Trojka dahin, / eintönig und ermüdend / bimmelt das Glöckchen.

Etwas Vertrautes klingt / in den lang sich hinziehenden Liedern des Kutschers: / mal verwegene Zügellosigkeit, / mal die Wehmut des Herzens ...

Kein Licht, keine schwarze Hütte, / Öde und Schnee ... Entgegen / kommen mir nur / die gestreiften Werstpfähle ...

Langweilig, traurig ... Morgen, Nina, / morgen, Liebe, kehre ich zu dir zurück, / am Kamin will ich alles vergessen, / werde mich nicht satt sehen an dir.

Geräuschvoll wird der Stundenzeiger / seinen abgemessenen Kreis vollenden, / und wenn wir die Lästigen entlassen haben, / wird uns Mitternacht nicht trennen.

Грустно, Нина: путь мой скучен,
Дремля смолкнул мой ямщик,
Колокольчик однозвучен,
Отуманен лунный лик.

1826

Во глубине сибирских руд
Храните гордое терпенье,
Не пропадет ваш скорбный труд
И дум высокое стремленье.

Несчастью верная сестра,
Надежда в мрачном подземелье
Разбудит бодрость и веселье,
Придет желанная пора:

Любовь и дружество до вас
Дойдут сквозь мрачные затворы,
Как в ваши каторжные норы
Доходит мой свободный глас.

Оковы тяжкие падут,
Темницы рухнут – и свобода
Вас примет радостно у входа,
И братья меч вам отдадут.

1827

Traurig, Nina: öd ist mein Weg, / dösend ist mein Kutscher verstummt, / eintönig klingt das Glöckchen, / im Nebel liegt das Gesicht des Mondes.

B

In der Tiefe sibirischer Erze / bewahrt die stolze Geduld, / eure gramvolle Mühe / und das hohe Streben der Gedanken wird nicht umsonst gewesen sein.

Die treue Schwester des Unglücks, / die Hoffnung, wird im dunklen unterirdischen Gewölbe / den Mut und die Freude erwecken, / kommen wird die ersehnte Zeit:

Liebe und Freundschaft werden zu euch / durch finstere Kerkertüren gelangen, / wie in eure Festungshöhlen / meine freie Stimme gelangt.

Die schweren Ketten fallen, / die Kerker stürzen ein – und die Freiheit / wird euch freudig am Eingang empfangen, / und die Brüder werden euch das Schwert übergeben.

P

Соловей и роза

В безмолвии садов, весной, во мгле ночей,
Поет над розою восточный соловей.
Но роза милая не чувствует, не внемлет,
И под влюбленный гимн колеблется и дремлет.
Не так ли ты поешь для хладной красоты?
Опомнись, о поэт, к чему стремишься ты?
Она не слушает, не чувствует поэта;
Глядишь – она цветет; взываешь – нет ответа.

1827

В степи мирской, печальной и безбрежной,
Таинственно пробились три ключа:
Ключ юности, ключ быстрый и мятежный,
Кипит, бежит, сверкая и журча.
Кастальский ключ волною вдохновенья
В степи мирской изгнанников поит.
Последний ключ – холодный ключ забвенья,
Он слаще всех жар сердца утолит.

1827

Die Nachtigall und die Rose

Im Schweigen der Gärten, im Frühling, im Dunkel der
Nacht / singt die morgenländische Nachtigall über der Rose. /
Doch die holde Rose fühlt nichts, vernimmt nichts, / und bei
dem verliebten Lobgesang schaukelt sie und schlummert. /
Singst nicht so auch du für die kalte Schönheit? / Besinne
dich, Dichter, wonach trachtest du? / Sie hört nicht, sie fühlt
nicht den Dichter; / du blickst zu ihr hin – sie blüht; du rufst
sie an – keine Antwort.

B

In der traurigen und endlosen Öde der Welt / sind insgeheim
drei Quellen entsprungen: / der Quell der Jugend, ein
rascher und stürmischer Quell, / schäumend läuft er dahin,
blitzend und rauschend. / Der kastalische Quell tränkt mit
der Welle der Begeisterung / die Verbannten in der Öde der
Welt. / Der letzte Quell ist der kühle Quell des Vergessens, /
er stillt am süßesten des Herzens Brand.

B

Арион

Нас было много на челне;
Иные парус напрягали,
Другие дружно упирали
В глубь мощны веслы. В тишине
На руль склонясь, наш кормщик умный
В молчанье правил грузный челн;
А я — беспечной веры полн, —
Пловцам я пел ... Вдруг лоно волн
Измял с налету вихорь шумный ...
Погиб и кормщик и пловец! —
Лишь я, таинственный певец,
На берег выброшен грозою,
Я гимны прежние пою
И ризу влажную мою
Сушу на солнце под скалою.

1827

Arion

Wir waren viele auf dem Kahn; / die einen setzten das Segel, / die andern stießen mit vereinten Kräften / die starken Ruder in die Tiefe. In der Stille / über das Steuer gebeugt, lenkte unser kluger Steuermann / schweigend den schweren Kahn; / und ich, von sorgloser Zuversicht erfüllt, / sang den Schiffern ... Plötzlich wurde der Wellen Schoß / von einem heranbrausenden Wirbelsturm aufgewühlt ... / Und Steuermann und Schiffer gingen unter! – / Nur ich, der verborgene Sänger, / von dem Wetter aufs Ufer geworfen, / singe meine bisherigen Hymnen / und trockne mein nasses Gewand / an der Sonne unter dem Fels.

B

Ангел

В дверях эдема ангел нежный
Главой поникшею сиял,
А демон мрачный и мятежный
Над адской бездною летал.

Дух отрицанья, дух сомненья
На духа чистого взирал
И жар невольный умиленья
Впервые смутно познавал.

«Прости, – он рек, – тебя я видел,
И ты недаром мне сиял:
Не все я в небе ненавидел,
Не все я в мире презирал».

1827

Der Engel

Mit geneigtem Haupt stand in seinem Glanz / ein sanfter Engel an der Himmelspforte, / über dem Höllenschlund aber flog / der finstere und rebellische Dämon dahin.

Der Geist der Verneinung, der Geist des Zweifels / blickte auf den Geist des Reinen, / und zum ersten Mal fühlte er / unwillkürlich heiße Rührung.

»Leb wohl«, sprach er, »ich habe dich gesehen, / und nicht umsonst hast du mir geleuchtet: / nicht alles am Himmel habe ich gehaßt, / nicht alles auf der Welt habe ich verachtet.«

B

Поэт

Пока не требует поэта
К священной жертве Аполлон,
В заботах суетного света
Он малодушно погружен;
Молчит его святая лира;
Душа вкушает хладный сон,
И меж детей ничтожных мира,
Быть может, всех ничтожней он.

Но лишь божественный глагол
До слуха чуткого коснется,
Душа поэта встрепенется,
Как пробудившийся орел.
Тоскует он в забавах мира,
Людской чуждается молвы,
К ногам народного кумира
Не клонит гордой головы;
Бежит он, дикий и суровый,
И звуков и смятенья полн,
На берега пустынных волн,
В широкошумные дубровы . . .

1827

Der Dichter

Solange den Dichter nicht auffordert / zum heiligen Opfer
Apollo, / ist er kleinmütig versunken / in die Sorgen der eitlen Welt; / seine heilige Lyra schweigt; / seine Seele verspürt
einen kalten Schlaf, / und unter den nichtigen Kindern der
Welt / ist er vielleicht das nichtigste von allen.

Aber kaum berührt das göttliche Wort / sein feines Ohr, /
schüttelt sich die Seele des Dichters / wie ein Adler, der
erwacht ist. / Er langweilt sich bei den Vergnügungen der
Welt, / hält sich dem Gerede der Menschen fern, / beugt das
stolze Haupt nicht / nieder zu den Füßen des Götzen des
Volkes; / er flieht, scheu und abweisend, / erfüllt von Klän-
gen und Verwirrung, / an die Ufer öder Wellen, / in weithin
rauschende Haine ...

P

Воспоминание

Когда для смертного умолкнет шумный день
  И на немые стогны града
Полупрозрачная наляжет ночи тень
  И сон, дневных трудов награда,
В то время для меня влачатся в тишине
  Часы томительного бденья:
В бездействии ночном живей горят во мне
  Змеи сердечной угрызенья;
Мечты кипят; в уме, подавленном тоской,
  Теснится тяжких дум избыток;
Воспоминание безмолвно предо мной
  Свой длинный развивает свиток;
И с отвращением читая жизнь мою,
  Я трепещу и проклинаю,
И горько жалуюсь, и горько слезы лью,
  Но строк печальных не смываю.

1828

Erinnerung

Wenn für den Sterblichen der lärmende Tag verstummt / und sich auf die stillen Straßen der Stadt / der halbdurchsichtige Schatten der Nacht legt / und der Schlaf, der Lohn für die Mühen des Tages, / dann schleppen sich für mich in der Stille / die Stunden des quälenden Wachens hin: / In der Untätigkeit der Nacht brennen in mir heftiger / die Bisse der Herzensschlange; / wilde Hirngespinste kommen auf; im Geist, der von Gram niedergedrückt wird, / drängt sich eine Überfülle an schweren Gedanken; / die Erinnerung entfaltet wortlos vor mir / ihre lange Rolle; / und während ich mit Abscheu mein Leben lese, / zittere ich und verfluche es / und klage bitter und vergieße bittere Tränen, / aber die traurigen Zeilen wasche ich nicht fort.

P

Дар напрасный, дар случайный,
Жизнь, зачем ты мне дана?
Иль зачем судьбою тайной
Ты на казнь осуждена?

Кто меня враждебной властью
Из ничтожества воззвал,
Душу мне наполнил страстью,
Ум сомненьем взволновал?..

Цели нет передо мною:
Сердце пусто, празден ум,
И томит меня тоскою
Однозвучный жизни шум.

1828

Unnütze Gabe, zufällige Gabe, / Leben, weshalb wurdest du mir gegeben? / Oder weshalb wurdest du von einem geheimen Schicksal / zum Tode verurteilt?

Wer hat mich mit feindseliger Gewalt / aus dem Nichtsein herbeigerufen, / mir die Seele mit Leidenschaft erfüllt, / den Verstand durch Zweifel erregt? ...

Vor mir liegt kein Ziel: / Das Herz ist leer, untätig der Verstand, / und es quält mich mit seiner Langeweile / das eintönige Geräusch des Lebens.

P

Анчар*

В пустыне чахлой и скупой,
На почве, зноем раскаленной,
Анчар, как грозный часовой,
Стоит – один во всей вселенной.

Природа жаждущих степей
Его в день гнева породила,
И зелень мертвую ветвей
И корни ядом напоила.

Яд каплет сквозь его кору,
К полудню растопясь от зною,
И застывает ввечеру
Густой прозрачною смолою.

К нему и птица не летит,
И тигр нейдет; лишь вихорь черный
На древо смерти набежит –
И мчится прочь, уже тлетворный.

И если туча оросит,
Блуждая, лист его дремучий,
С его ветвей, уж ядовит,
Стекает дождь в песок горючий.

Но человека человек
Послал к анчару властным взглядом,
И тот послушно в путь потек
И к утру возвратился с ядом.

* Древо яда. *(Прим. Пушкина.)*

Antschar*

In der kargen, ausgetrockneten Wüste, / auf einer Erde, glühend vor Hitze, / steht, wie ein furchtgebietender Wächter, / der Antschar – allein in der ganzen Welt.

Die Natur der dürstenden Steppen / hat ihn am Tage des Zorns hervorgebracht / und das tote Grün der Zweige / und die Wurzeln mit Gift getränkt.

Gift tropft durch seine Rinde / und wird gegen Mittag heiß von der Hitze, / und am Abend erkaltet es / zu festem durchsichtigem Harz.

Zu ihm fliegt kein Vogel, / kein Tiger kommt: nur der schwarze Wirbelsturm / rennt gegen den Baum des Todes – / und schon braust er, Verderben bringend, davon.

Und wenn eine umherschweifende Wolke / sein schlummerndes Blatt benetzt, / rinnt von seinen Zweigen der Regen bereits giftig / in den glühenden Sand.

Ein Mensch aber schickte einen Menschen / mit gebieterischem Blick zum Antschar, / und dieser eilte gehorsam davon / und kehrte gegen Morgen mit dem Gift zurück.

* Baum des Giftes. *(Anm. Puschkins.)*

Принес он смертную смолу
Да ветвь с увядшими листами,
И пот по бледному челу
Струился хладными ручьями;

Принес – и ослабел и лег
Под сводом шалаша на лыки,
И умер бедный раб у ног
Непобедимого владыки.

А царь тем ядом напитал
Свои послушливые стрелы
И с ними гибель разослал
К соседям в чуждые пределы.

1828

Er brachte das tödliche Harz / und einen Zweig mit verwelkten Blättern, / und über das bleiche Antlitz rann ihm / in kalten Strömen der Schweiß;

brachte es – und wurde schwach und legte sich / unter dem Dach des Zeltes auf seine Matte aus Bast, / und es starb der arme Knecht zu Füßen / des unbesiegbaren Herrschers.

Und der Zar tränkte mit jenem Gift / seine gehorsamen Pfeile / und sandte mit ihnen das Verderben / gegen die Nachbarn in fremden Ländern.

B

На холмах Грузии лежит ночная мгла;
   Шумит Арагва предо мною.
Мне грустно и легко; печаль моя светла;
   Печаль моя полна тобою,
Тобой, одной тобой ... Унынья моего
   Ничто не мучит, не тревожит,
И сердце вновь горит и любит – оттого,
   Что не любить оно не может.

1829

Я вас любил: любовь еще, быть может,
В душе моей угасла не совсем;
Но пусть она вас больше не тревожит;
Я не хочу печалить вас ничем.
Я вас любил безмолвно, безнадежно,
То робостью, то ревностью томим;
Я вас любил так искренно, так нежно,
Как дай вам бог любимой быть другим.

1829

Auf Georgiens Hügeln liegt nächtliches Dunkel; / vor mir braust die Aragwa. / Traurig ist mir und leicht; mein Gram ist licht; / mein Gram ist erfüllt von dir, / von dir, von dir allein ... meine Traurigkeit / wird durch nichts gequält, durch nichts gestört, / und von neuem brennt und liebt mein Herz – deshalb, / weil es nicht anders als lieben kann.

B

Ich liebte Sie: vielleicht ist die Liebe / in meinem Herzen noch nicht ganz erloschen; / doch soll sie Sie nicht mehr beunruhigen; / ich möchte Sie durch nichts betrüben. / Ich liebte Sie schweigend, ohne Hoffnung, / bald von Scheu, bald von Eifersucht gequält; / ich liebte Sie so innig, so zärtlich – / gebe Ihnen Gott, daß Sie von einem anderen ebenso geliebt werden.

B

Брожу ли я вдоль улиц шумных,
Вхожу ль во многолюдный храм,
Сижу ль меж юношей безумных,
Я предаюсь моим мечтам.

Я говорю: промчатся годы,
И сколько здесь ни видно нас,
Мы все сойдем под вечны своды –
И чей-нибудь уж близок час.

Гляжу ль на дуб уединенный,
Я мыслю: патриарх лесов
Переживет мой век забвенный,
Как пережил он век отцов.

Младенца ль милого ласкаю,
Уже я думаю: прости!
Тебе я место уступаю:
Мне время тлеть, тебе цвести.

День каждый, каждую годину
Привык я думой провождать,
Грядущей смерти годовщину
Меж их стараясь угадать.

И где мне смерть пошлет судьбина?
В бою ли, в странствии, в волнах?
Или соседняя долина
Мой примет охладелый прах?

И хоть бесчувственному телу
Равно повсюду истлевать,
Но ближе к милому пределу
Мне всё б хотелось почивать.

Ob ich lärmende Straßen entlangschlendere, / ob ich ein Gotteshaus voller Menschen betrete, / ob ich unter unverständigen Jünglingen sitze – / ich gebe mich meinen Phantasien hin.

Ich sage: die Jahre eilen dahin, / und wie viele von uns hier auch sind, / wir werden alle in die ewigen Gewölbe gehen – / und für manchen ist die Stunde schon nahe.

Schaue ich eine einsame Eiche an, / denke ich: Der Patriarch der Wälder / wird meine vergessene Zeit überdauern, / wie er die Zeit der Väter überdauerte.

Kose ich ein liebes Kind, / denke ich bereits: leb' wohl! / Dir trete ich den Platz ab: / Für mich ist es Zeit zu verwesen, für dich – zu blühen.

Jeden Tag, jede Stunde / bin ich gewohnt, mit diesem Gedanken zu begleiten, / und ich bemühe mich, unter den Tagen und Stunden / den Zeitpunkt des kommenden Todes zu erraten.

Und wo wird mir das Schicksal den Tod schicken? / in der Schlacht, auf der Wanderschaft, in den Wellen? / Oder wird das benachbarte Tal / meine erkaltete Asche aufnehmen?

Wenn es auch dem gefühllosen Körper / gleich ist, wo er verwest, / möchte ich doch / näher bei der geliebten Heimat ruhen.

И пусть у гробового входа
Младая будет жизнь играть,
И равнодушная природа
Красою вечною сиять.

1829

Монастырь на Казбеке

Высоко над семьею гор,
Казбек, твой царственный шатер
Сияет вечными лучами.
Твой монастырь за облаками,
Как в небе реющий ковчег,
Парит, чуть видный, над горами.

Далекий, вожделенный брег!
Туда б, сказав прости ущелью,
Подняться к вольной вышине!
Туда б, в заоблачную келью,
В соседство бога скрыться мне!..

1829

Und möge am Eingang des Grabes / das junge Leben spielen /
und die gleichgültige Natur / in ewiger Schönheit erstrahlen.

P

Das Kloster auf dem Kasbek

Hoch über der Familie der Berge / leuchtet, Kasbek, in ewigen Strahlen / dein majestätisches Zelt. / Dein Kloster jenseits der Wolken / schwebt, kaum sichtbar, über den Bergen /
wie eine am Himmel dahintreibende Arche.

Fernes, ersehntes Ufer! / Der Schlucht Lebewohl sagen und
dorthin / emporsteigen zur freien Höhe! / Dorthin, zur
Mönchszelle jenseits der Wolken, / fliehen in die Nachbarschaft Gottes ...

B

К бюсту завоевателя

Напрасно видишь тут ошибку:
Рука искусства навела
На мрамор этих уст улыбку,
А гнев на хладный лоск чела.
Недаром лик сей двуязычен.
Таков и был сей властелин:
К противочувствиям привычен,
В лице и в жизни арлекин.

1829

Auf die Büste eines Eroberers

Zu Unrecht siehst du hier einen Fehler: / die Hand der Kunst verlieh / dem Marmor dieses Mundes ein Lächeln, / und Zorn dem kalten Glanz der Stirn. / Nicht zufällig redet dieses Antlitz mit zwei Zungen. / So war dieser Herrscher: / gewöhnt an gegensätzliche Gefühle, / in seinem Gesicht und in seinem Leben ein Harlekin.

B

Что в имени тебе моем?
Оно умрет, как шум печальный
Волны, плеснувшей в берег дальный,
Как звук ночной в лесу глухом.

Оно на памятном листке
Оставит мертвый след, подобный
Узору надписи надгробной
На непонятном языке.

Что в нем? Забытое давно
В волненьях новых и мятежных,
Твоей душе не даст оно
Воспоминаний чистых, нежных.

Но в день печали, в тишине,
Произнеси его тоскуя;
Скажи: есть память обо мне,
Есть в мире сердце, где живу я . . .

1830

Was kann dir mein Name bedeuten? / Er wird sterben wie das traurige Rauschen / der Welle, die sich am fernen Ufer bricht, / wie im tiefen Wald der nächtliche Laut.

Er wird auf dem Gedenkblatt / eine tote Spur hinterlassen, / ähnlich dem Muster einer Grabinschrift / in einer unverständlichen Sprache.

Was kann er dir bedeuten? Vergessen längst / in neuen, stürmischen Gefühlen, / kann er deiner Seele / keine reinen, zärtlichen Erinnerungen geben.

Doch an einem gramvollen Tage sprich ihn / in der Stille sehnsuchtsvoll aus, / sage: es gibt ein Gedenken an mich, / es gibt ein Herz auf der Welt, in dem ich lebe …

B

Сонет

> Scorn not the sonnet, critic.
>> *Wordsworth*

Суровый Дант не презирал сонета;
В нем жар любви Петрарка изливал;
Игру его любил творец Макбета;
Им скорбну мысль Камоэнс облекал.

И в наши дни пленяет он поэта:
Вордсворт его орудием избрал,
Когда вдали от суетного света
Природы он рисует идеал.

Под сенью гор Тавриды отдаленной
Певец Литвы в размер его стесненный
Свои мечты мгновенно заключал.

У нас еще его не знали девы,
Как для него уж Дельвиг забывал
Гекзаметра священные напевы.

1830

Sonett

Scorn not the sonnet, critic.
Wordsworth

Der gestrenge Dante hat das Sonett nicht verachtet; / in ihm hat Petrarca das Feuer der Liebe sich ausbreiten lassen; / der Schöpfer des Macbeth mochte sein Spiel; / Camões kleidete seine gramvollen Gedanken in diese Form.

Auch in unseren Tagen fesselt es den Dichter: Wordsworth wählte es als Instrument, / um, fern von der nichtigen Welt, / das Ideal der Natur zu zeichnen.

Im Bergesschatten des entlegenen Tauriens / bannte der Sänger Litauens in einem Augenblick / seine Träume in des Sonetts einschränkendes Maß.

Bei uns kannten ihn noch nicht die jungen Damen, / da vergaß seinetwegen schon Delwig / des Hexameters heilige Klänge.

B

Поэту

Поэт! не дорожи любовию народной.
Восторженных похвал пройдет минутный шум;
Услышишь суд глупца и смех толпы холодной,
Но ты останься тверд, спокоен и угрюм.

Ты царь: живи один. Дорогою свободной
Иди, куда влечет тебя свободный ум,
Усовершенствуя плоды любимых дум,
Не требуя наград за подвиг благородный.

Они в самом тебе. Ты сам свой высший суд;
Всех строже оценить умеешь ты свой труд.
Ты им доволен ли, взыскательный художник?

Доволен? Так пускай толпа его бранит
И плюет на алтарь, где твой огонь горит,
И в детской резвости колеблет твой треножник.

1830

Dem Dichter

Dichter! Gib nicht zuviel auf die Liebe des Volks. / Der Augenblickslärm begeisterten Lobs vergeht; / höre dir ruhig das Urteil des Toren und das Lachen der kalten Menge an, / bleibe aber fest, ruhig und düster.

Du bist ein König: lebe allein. Auf freiem Wege / gehe dorthin, wohin dich dein freier Geist zieht, / bringe die Früchte deiner geliebten Gedanken zur Reife, / und verlange für die edle Tat keine Belohnungen.

Die liegen in dir selbst. Du selber bist dein höchstes Gericht; / strenger als alle vermagst du deine Arbeit einzuschätzen. / Bist du mit ihr zufrieden, anspruchsvoller Künstler?

Zufrieden? Dann mag die Menge sie beschimpfen / und den Altar bespeien, wo dein Feuer lodert, / und in kindlichem Mutwillen deinen Dreifuß zum Schwanken bringen.

B

Мадонна

Не множеством картин старинных мастеров
Украсить я всегда желал свою обитель,
Чтоб суеверно им дивился посетитель,
Внимая важному сужденью знатоков.

В простом углу моем, средь медленных трудов,
Одной картины я желал быть вечно зритель,
Одной: чтоб на меня с холста, как с облаков,
Пречистая и наш божественный спаситель –

Она с величием, он с разумом в очах –
Взирали, кроткие, во славе и в лучах,
Одни, без ангелов, под пальмою Сиона.

Исполнились мои желания. Творец
Тебя мне ниспослал, тебя, моя Мадонна,
Чистейшей прелести чистейший образец.

1830

Die Madonna

Nicht mit einer Vielzahl von Bildern alter Meister /
wünschte ich je, meine Behausung zu schmücken, / damit
der Besucher abergläubisch über sie erstaune, / wenn er das
gewichtige Urteil der Kenner vernimmt.

In meinem einfachen Winkel, bei meinen gemächlichen
Arbeiten, / wünschte ich mir, auf ewig der Betrachter *eines*
Bildes zu sein, / eines einzigen: daß von der Leinwand, wie
von den Wolken, / die heilige Jungfrau und unser göttlicher
Erlöser –

Sie mit dem Ausdruck von Erhabenheit, Er mit dem Ausdruck der Vernunft im Blick – / auf mich herabsähen, sanft-
mütig, in ihrer Herrlichkeit und Glorie, / allein, ohne Engel,
unter der Palme Zions.

Meine Wünsche haben sich erfüllt. Der Schöpfer /
hat dich zu mir herabgesandt, dich, meine Madonna, / reinster
Anmut reinstes Muster.

B

Бесы

Мчатся тучи, вьются тучи;
Невидимкою луна
Освещает снег летучий;
Мутно небо, ночь мутна.
Еду, еду в чистом поле;
Колокольчик дин-дин-дин...
Страшно, страшно поневоле
Средь неведомых равнин!

«Эй, пошел, ямщик!..» – «Нет мочи:
Коням, барин, тяжело;
Вьюга мне слипает очи;
Все дороги занесло;
Хоть убей, следа не видно;
Сбились мы. Что делать нам!
В поле бес нас водит, видно,
Да кружит по сторонам.

Посмотри: вон, вон играет,
Дует, плюет на меня;
Вот – теперь в овраг толкает
Одичалого коня;
Там верстою небывалой
Он торчал передо мной;
Там сверкнул он искрой малой
И пропал во тьме пустой».

Мчатся тучи, вьются тучи;
Невидимкою луна
Освещает снег летучий;
Мутно небо, ночь мутна.

Die Dämonen

Wolken jagen, Wolken kreisen; / als ein unsichtbares Wesen beleuchtet / der Mond den treibenden Schnee; / trüb ist der Himmel, trüb die Nacht. / Ich fahre und fahre übers freie Feld; / »ding-ding-ding« das Glöckchen ... / Bang wird's einem unwillkürlich, bang / in diesen unbekannten Weiten!

»He, Kutscher, los! ...« – »Keine Kraft: / Herr, den Pferden wird's schwer; / der Schneesturm verklebt mir die Augen; / alle Wege sind verweht; / und wenn Sie mich totschlagen, man sieht keine Fahrspur; / wir haben die Richtung verloren. Was sollen wir tun! / Klar, ein Dämon führt uns auf dem Feld, / führt uns im Kreis herum.

Schau: da, da tanzt er, / bläst und spuckt auf mich; / und jetzt stößt er das scheuende Pferd / in die Schlucht hinab; / als ein Werstpfahl von ungeheurer Größe / ragte er vor mir auf; / dort hat er als kleiner Funken aufgeblitzt / und sich im leeren Dunkel verloren.«

Wolken jagen, Wolken kreisen; / als ein unsichtbares Wesen beleuchtet / der Mond den treibenden Schnee; / trüb ist der

Сил нам нет кружиться доле;
Колокольчик вдруг умолк;
Кони стали . . . «Что там в поле?» –
«Кто их знает? пень иль волк?»

Вьюга злится, вьюга плачет;
Кони чуткие храпят;
Вон уж он далече скачет;
Лишь глаза во мгле горят;
Кони снова понеслися;
Колокольчик дин-дин-дин . . .
Вижу: духи собралися
Средь белеющих равнин.

Бесконечны, безобразны,
В мутной месяца игре
Закружились бесы разны,
Будто листья в ноябре . . .
Сколько их! куда их гонят?
Что так жалобно поют?
Домового ли хоронят,
Ведьму ль замуж выдают?

Мчатся тучи, вьются тучи;
Невидимкою луна
Освещает снег летучий;
Мутно небо, ночь мутна.
Мчатся бесы рой за роем
В беспредельной вышине,
Визгом жалобным и воем
Надрывая сердце мне . . .

1830

Himmel, trüb die Nacht. / Keine Kraft mehr, umherzuirren; / das Glöckchen ist plötzlich verstummt; / die Pferde sind stehengeblieben ... »Was ist dort im Feld?« – / »Weiß ich's? ein Baumstumpf oder ein Wolf?«

Der Schneesturm wird böse, der Schneesturm weint; / die hellhörigen Pferde schnauben; / da springt er schon weiter, / nur die Augen brennen im Dunkeln; / die Pferde jagen wieder los; / »ding-ding-ding« das Glöckchen ... / Ich sehe: Geister haben sich versammelt, / auf der schneeschimmernden Weite.

Unendlich und ungestalt / haben sich im trüben Spiel des Mondes / alle möglichen Dämonen zu drehen begonnen / wie Blätter im November ... / Wie viele es sind! wohin werden sie getrieben? / Was singen sie so kläglich? / Begraben sie einen Hausgeist, / verheiraten sie eine Hexe?

Wolken jagen, Wolken kreisen; / als ein unsichtbares Wesen beleuchtet / der Mond den treibenden Schnee; / trüb ist der Himmel, trüb die Nacht. / Schwarm auf Schwarm eilen die Dämonen / in unendlicher Höhe dahin, / mit ihrem kläglichen Gewinsel und Geheul / zerreißen sie mir das Herz ...

B

Элегия

Безумных лет угасшее веселье
Мне тяжело, как смутное похмелье.
Но, как вино – печаль минувших дней
В моей душе чем старе, тем сильней.
Мой путь уныл. Сулит мне труд и горе
Грядущего волнуемое море.

Но ве хочу, о други, умирать;
Я жить хочу, чтоб мыслить и страдать;
И ведаю, мне будут наслажденья
Меж горестей, забот и треволненья:
Порой опять гармонией упьюсь,
Над вымыслом слезами оболью́сь,
И может быть – на мой закат печальный
Блеснет любовь улыбкою прощальной.

1830

Elegie

Die erloschene Fröhlichkeit törichter Jahre / wird mir
schwer wie ein trüber Katzenjammer. / Doch es ist wie beim
Wein: je älter, desto stärker / in meinem Herzen der Gram
vergangener Tage. / Trostlos ist mein Weg. Schwere Arbeit
und Leid verheißt mir / der Zukunft unruhiges Meer.

Doch möchte ich, ihr Freunde, nicht sterben; / leben möchte
ich, um zu denken und zu leiden; / und ich weiß, unter all
dem Kummer, all den Sorgen und Aufregungen / werden mir
noch Wonnen zuteil: / Bisweilen werde ich mich wieder an
der Harmonie berauschen, / über etwas gut Erdachtem in
Tränen ausbrechen, / und vielleicht wird bei meinem traurigen Fortgang / unter Abschiedslächeln die Liebe aufleuch-
ten.

B

Прощание

В последний раз твой образ милый
Дерзаю мысленно ласкать,
Будить мечту сердечной силой
И с негой робкой и унылой
Твою любовь воспоминать.

Бегут, меняясь, наши лета,
Меняя всё, меняя нас,
Уж ты для своего поэта
Могильным сумраком одета,
И для тебя твой друг угас.

Прими же, дальняя подруга,
Прощанье сердца моего,
Как овдовевшая супруга,
Как друг, обнявший молча друга
Пред заточением его.

1830

Abschied

Zum letzten Mal wage ich es, / in Gedanken dein liebes Antlitz zu liebkosen, / mit der Kraft meines Herzens den Traum zu erwecken / und mich mit scheuer und verzagter Wonne / an deine Liebe zu erinnern.

Es fliehen, sich wandelnd, unsere Jahre, / sie wandeln alles, wandeln uns, / schon bist du für deinen Dichter / wie ein Grabesschatten gekleidet, / und für dich ist dein Freund gestorben.

So nimm denn, ferne Freundin, / den Abschied meines Herzens, / wie eine verwitwete Gemahlin, / wie ein Freund, der schweigend den Freund umarmt, / bevor dieser fortgeht in die Verbannung.

B

Заклинание

О, если правда, что в ночи,
Когда покоятся живые,
И с неба лунные лучи
Скользят на камни гробовые,
О, если правда, что тогда
Пустеют тихие могилы, –
Я тень зову, я жду Леилы:
Ко мне, мой друг, сюда, сюда!

Явись, возлюбленная тень,
Как ты была перед разлукой,
Бледна, хладна, как зимний день,
Искажена последней мукой.
Приди, как дальная звезда,
Как легкий звук иль дуновенье,
Иль как ужасное виденье,
Мне все равно: сюда, сюда!..

Зову тебя не для того,
Чтоб укорять людей, чья злоба
Убила друга моего,
Иль чтоб изведать тайны гроба,
Не для того, что иногда
Сомненьем мучусь... но, тоскуя,
Хочу сказать, что все люблю я,
Что все я твой: сюда, сюда!

1830

Beschwörung

Oh, wenn es wahr ist, daß in der Nacht, / wenn die Lebenden ruhen / und vom Himmel die Strahlen des Mondes / über die Grabsteine gleiten, / oh, wenn es wahr ist, daß dann / leer sind die stillen Gräber – / so rufe ich einen Schatten, warte ich auf Leila: / zu mir, meine Freundin, hierher, hierher!

Erscheine, geliebter Schatten, / wie du warst vor dem Scheiden, / bleich und kalt wie ein Wintertag, / entstellt vom letzten Leiden. / Komm, wie ein ferner Stern, / wie ein leichter Laut oder ein Lufthauch, / oder wie eine schreckliche Erscheinung, / mir ist es gleich: nur komm hierher! ...

Nicht darum rufe ich nach dir, / um die Menschen anzuklagen, deren Bosheit / meine Freundin umgebracht hat, / oder um die Geheimnisse des Grabes auszukundschaften, / nicht darum, weil mich manchmal / der Zweifel quält ... Nein, in meiner Sehnsucht / will ich sagen, daß ich dich immer noch liebe, / daß ich immer noch dein bin: hierher, hierher!

B

Стихи,
сочиненные ночью
во время бессонницы

Мне не спится, нет огня;
Всюду мрак и сон докучный.
Ход часов лишь однозвучный
Раздается близ меня,
Парки бабье лепетанье,
Спящей ночи трепетанье,
Жизни мышья беготня . . .
Что тревожишь ты меня?
Что ты значишь, скучный шепот?
Укоризна или ропот
Мной утраченного дня?
От меня чего ты хочешь?
Ты зовешь или пророчишь?
Я понять тебя хочу,
Смысла я в тебе ищу . . .

1830

Verse,
verfaßt in der Nacht
während der Schlaflosigkeit

Ich kann nicht schlafen, kein Licht; / überall Dunkel und
lästiger Schlaf. / Nur der monotone Gang der Uhr / ist neben
mir vernehmbar, / der Parze Weiberlallen, / das Zittern der
schlafenden Nacht, / des Lebens Mäusegetrippel ... / Was
beunruhigst du mich? / Was bedeutest du, langweiliges Flü-
stern? / Einen Vorwurf oder das Murren / des von mir vergeudeten Tages? / Was willst du von mir? / Rufst du oder pro-
phezeist du? / Ich will dich begreifen, / ich suche in dir einen
Sinn ...

P

Для берегов отчизны дальной
Ты покидала край чужой;
В час незабвенный, в час печальный
Я долго плакал пред тобой.
Мои хладеющие руки
Тебя старались удержать;
Томленье страшное разлуки
Мой стон молил не прерывать.

Но ты от горького лобзанья
Свои уста оторвала;
Из края мрачного изгнанья
Ты в край иной меня звала.
Ты говорила: «В день свиданья
Под небом вечно голубым,
В тени олив, любви лобзанья
Мы вновь, мой друг, соединим».

Но там, увы, где неба своды
Сияют в блеске голубом,
Где тень олив легла на воды,
Заснула ты последним сном.
Твоя краса, твои страданья
Исчезли в урне гробовой –
А с ними поцелуй свиданья ...
Но жду его; он за тобой ...

1830

Für die Gestade deiner fernen Heimat / verließest du das fremde Land; / in der unvergeßlichen Stunde, in der traurigen Stunde / weinte ich lange vor dir. / Meine erkaltenden Hände / versuchten, dich zurückzuhalten; / mein Seufzen bat, / die schreckliche Qual des Abschieds nicht zu unterbrechen.

Doch von dem bittern Kuß / rissest du deine Lippen hinweg; / aus dem Land der düsteren Verbannung / riefst du mich in ein anderes Land. / Du sagtest: »Am Tage unseres Wiedersehens / unter dem ewig blauen Himmel, / im Schatten der Olivenbäume, mein Freund, / vereinigen wir uns aufs neue in den Küssen der Liebe.«

Doch ach! dort, wo das Himmelsgewölbe / in blauem Glanz erstrahlt, / wo der Schatten der Olivenbäume auf dem Wasser lag, / entschliefst du im letzten Schlaf. / Deine Schönheit, deine Qualen / verschwanden in der Grabesurne – / und mit ihnen der Kuß des Wiedersehens ... / Aber ich warte auf ihn; du bleibst ihn mir schuldig ...

B

Эхо

Ревет ли зверь в лесу глухом,
Трубит ли рог, гремит ли гром,
Поет ли дева за холмом –
   На всякий звук
Свой отклик в воздухе пустом
   Родишь ты вдруг.

Ты внемлешь грохоту громов,
И гласу бури и валов,
И крику сельских пастухов –
   И шлешь ответ;
Тебе ж нет отзыва ... Таков
   И ты, поэт!

1831

Das Echo

Ob ein Tier im tiefen Walde brüllt, / ob ein Horn erklingt,
der Donner dröhnt, / ein Mädchen hinter dem Hügel singt – /
auf jeden Klang / bringst du sogleich / in der leeren Luft seinen Widerhall hervor.

Du lauschst dem Rollen des Donners, / der Stimme des
Sturms und der Wellen, / dem Ruf der ländlichen Hirten – /
und schickst die Antwort; / du selbst bleibst ohne Widerhall
... So / auch du, Poet!

B

Осень

(отрывок)

*Чего в мой дремлющий тогда
не входит ум?*

Державин

I

Октябрь уж наступил – уж роща отряхает
Последние листы с нагих своих ветвей;
Дохнул осенний хлад – дорога промерзает.
Журча еще бежит за мельницу ручей,
Но пруд уже застыл; сосед мой поспешает
В отъезжие поля с охотою своей,
И страждут озими от бешеной забавы,
И будит лай собак уснувшие дубравы.

II

Теперь моя пора: я не люблю весны;
Скучна мне оттепель; вонь, грязь – весной я болен;
Кровь бродит; чувства, ум тоскою стеснены.
Суровою зимой я более доволен,
Люблю ее снега; в присутствии луны
Как легкий бег саней с подругой быстр и волен,
Когда под соболем, согрета и свежа,
Она вам руку жмет, пылая и дрожа!

III

Как весело, обув железом острым ноги,
Скользить по зеркалу стоячих, ровных рек!
А зимних праздников блестящие тревоги? . .

Der Herbst

(Ein Fragment)

Was kommt mir da nicht alles
in meinen träumenden Sinn?
Dershawin

I

Schon ist Oktober, schon schüttelt das Wäldchen / die letzten Blätter von den nackten Zweigen; / es blies die herbstliche Kälte – der Weg ist vereist. / Noch läuft murmelnd zur Mühle der Bach, / aber der Teich ist schon zugefroren; mein Nachbar eilt / mit seiner Jagd auf die entlegenen Felder, / und die Wintersaat leidet unter dem mutwilligen Vergnügen, / und das Gebell der Hunde weckt die schlafenden Wälder.

II

Ja, das ist meine Zeit: den Frühling mag ich nicht; / das Tauwetter ödet mich an; Gestank, Dreck – im Frühling bin ich krank; / es gärt das Blut; Gefühl und Verstand bedrückt die Melancholie. / Im grimmen Winter ist mir wohler, / ich mag seinen Schnee; und wie rasch und frei / ist bei Mondschein die leichte Schlittenfahrt mit der Freundin, / wenn sie einem, warm und frisch, unter dem Zobel / feurig und bebend die Hand drückt!

III

Wie lustig ist es, das scharfe Eisen an den Füßen, / über den Spiegel der stehenden, glatten Flüsse zu gleiten! / Und die herrlich erregenden winterlichen Feste? ... / Aber alles, was

Но надо знать и честь; полгода снег да снег,
Ведь это наконец и жителю берлоги,
Медведю, надоест. Нельзя же целый век
Кататься нам в санях с Армидами младыми
Иль киснуть у печей за стеклами двойными.

IV

Ох, лето красное! любил бы я тебя,
Когда б не зной, да пыль, да комары, да мухи.
Ты, все душевные способности губя,
Нас мучишь; как поля, мы страждем от засухи;
Лишь как бы напоить да освежить себя –
Иной в нас мысли нет, и жаль зимы старухи,
И, проводив ее блинами и вином,
Поминки ей творим мороженым и льдом.

V

Дни поздней осени бранят обыкновенно,
Но мне она мила, читатель дорогой,
Красою тихою, блистающей смиренно.
Так нелюбимое дитя в семье родной
К себе меня влечет. Сказать вам откровенно,
Из годовых времен я рад лишь ей одной,
В ней много доброго; любовник не тщеславный,
Я нечто в ней нашел мечтою своенравной.

VI

Как это объяснить? Мне нравится она,
Как, вероятно, вам чахоточная дева
Порою нравится. На смерть осуждена,
Бедняжка клонится без ропота, без гнева.

recht ist: ein halbes Jahr lang nichts als Schnee, / davon hat am Ende selbst der Bewohner der Höhle, / der Bär, die Nase voll. Man kann nicht ewig und drei Tage / mit jungen Armidas im Schlitten herumfahren / oder hinter den Doppelfenstern am Ofen versauern.

IV

O schöner Sommer! Dich würde ich lieben, / wäre da nicht diese Hitze, dieser Staub, diese Mücken, diese Fliegen. / Du setzt all unsere geistigen Fähigkeiten außer Kraft / und wirst uns zur Qual; wie die Felder, so leiden auch wir unter der Dürre; / trinken und sich erfrischen, nur das – / einen anderen Gedanken haben wir nicht, und leid tut es uns um den Winter, die alte Frau, / die wir gerade erst mit Pfannkuchen und Wein verabschiedet haben, / und derer wir nun gedenken mit Eis von beiderlei Art.

V

Die Tage des Spätherbstes schmäht man gewöhnlich, / mir jedoch ist er sehr lieb, teurer Leser, / und zwar durch seine stille Farbe, die so bescheiden leuchtet. / So lenkt das in seiner eigenen Familie ungeliebte Kind / mein Augenmerk auf sich. Ich sag's euch offen, / von allen Jahreszeiten erfreut mich er allein, / viel Gutes ist an ihm; als ein uneitler Liebhaber / fand ich in meiner eigenwilligen Phantasie ein gewisses Etwas an ihm.

VI

Wie kann ich das erklären? Er gefällt mir, / wie euch wohl ein schwindsüchtiges Mädchen / zuweilen gefallen mag. Dem Tode anheimgegeben, / beugt sich die Arme ohne Murren,

Улыбка на устах увянувших видна;
Могильной пропасти она не слышит зева;
Играет на лице еще багровый цвет.
Она жива еще сегодня, завтра нет.

VII

Унылая пора! очей очарованье!
Приятна мне твоя прощальная краса –
Люблю я пышное природы увяданье,
В багрец и в золото одетые леса,
В их сенях ветра шум и свежее дыханье,
И мглой волнистою покрыты небеса,
И редкий солнца луч, и первые морозы,
И отдаленные седой зимы угрозы.

VIII

И с каждой осенью я расцветаю вновь;
Здоровью моему полезен русский холод;
К привычкам бытия вновь чувствую любовь;
Чредой слетает сон, чредой находит голод;
Легко и радостно играет в сердце кровь,
Желания кипят – я снова счастлив, молод,
Я снова жизни полн – таков мой организм
(Извольте мне простить ненужный прозаизм).

IX

Ведут ко мне коня; в раздолии открытом,
Махая гривою, он всадника несет,
И звонко под его блистающим копытом
Звенит промерзлый дол и трескается лед.

ohne Zorn. / Ein Lächeln ist auf ihren welken Lippen zu sehen; / sie spürt nicht den Rachen des gähnenden Grabes; / noch spielt Purpurfarbe auf ihrem Gesicht. / Heute noch lebt sie, morgen nicht mehr.

VII

O wehmutvolle Zeit! Bezauberung der Augen! / Wie angenehm ist mir deine Abschiedspracht – ich liebe das üppige Vergehen der Natur, / die in Purpur und Gold gekleideten Wälder, / in ihrem Schatten das Sausen des Windes und das frische Wehen, / den von wallendem Nebel bedeckten Himmel, / den kargen Strahl der Sonne, die ersten Fröste / und das ferne Drohen des grauen Winters.

VIII

Mit jedem Herbst blühe ich von neuem auf; / die russische Kälte tut meiner Gesundheit gut, / wieder empfinde ich Liebe für die Gewohnheiten des Daseins; / abwechselnd senkt sich der Schlaf hernieder, kommt der Hunger; / leicht und froh kreist durch mein Herz das Blut; / Wünsche brodeln – von neuem bin ich glücklich, jung, / von neuem bin ich von Leben erfüllt – so ist mein Organismus / (verzeiht mir die unnötige prosaische Ausdrucksweise).

IX

Man führt das Pferd zu mir; in der freien Weite / trägt es, seine Mähne schüttelnd, den Reiter, / und laut unter seinem blitzenden Huf / klingt das gefrorene Tal und birst das

Но гаснет краткий день, и в камельке забытом
Огонь опять горит – то яркий свет лиет,
То тлеет медленно – а я пред ним читаю
Иль думы долгие в душе моей питаю.

X

И забываю мир – и в сладкой тишине
Я сладко усыплен моим воображеньем,
И пробуждается поэзия во мне:
Душа стесняется лирическим волненьем,
Трепещет и звучит, и ищет, как во сне,
Излиться наконец свободным проявленьем –
И тут ко мне идет незримый рой гостей,
Знакомцы давние, плоды мечты моей.

XI

И мысли в голове волнуются в отваге,
И рифмы легкие навстречу им бегут,
И пальцы просятся к перу, перо к бумаге,
Минута – и стихи свободно потекут.
Так дремлет недвижим корабль в недвижной влаге,
Но чу! – матросы вдруг кидаются, ползут
Вверх, вниз – и паруса надулись, ветра полны;
Громада двинулась и рассекает волны.

XII

Плывет. Куда ж нам плыть? . . . .
. . . .
. . . .

1833

Eis. / Doch schon verlischt der kurze Tag, und im vergessenen Kamin / brennt wieder das Feuer – mal wirft es einen hellen Schein, / mal glimmt es langsam – und ich lese bei ihm / oder bewege lange Gedanken in meinem Herzen.

X

Ich vergesse die Welt – und in süßer Stille / versinke ich süß in meiner Phantasie, / und die Poesie erwacht in mir: / die Seele wird bedrängt von lyrischer Erregung, / sie bebt und tönt, und wie im Traum sucht sie nach Wegen, / um endlich in freier Äußerung sich zu verströmen, / und nun kommt zu mir die unsichtbare Gästeschar, / alte Bekannte, die Früchte meiner Träumerei.

XI

Und kühn regen sich im Kopf die Gedanken, / und leichte Reime eilen ihnen entgegen, / die Finger streben zur Feder, die Feder zum Papier, / ein Augenblick noch – und frei fließen die Verse dahin. / So schlummert wohl ein Schiff reglos im unbewegten Wasser, / doch horch! plötzlich springen die Matrosen auf, klettern / hinauf und hinab – und windgefüllt blähen sich die Segel; / die mächtige Masse kommt in Bewegung und zerteilt die Wogen.

XII

Sie schwimmt. Und wir, wohin sollen wir schwimmen? . . .
. . . .
. . . .

B

Не дай мне бог сойти с ума.
Нет, легче посох и сума;
   Нет, легче труд и глад.
Не то, чтоб разумом моим
Я дорожил; не то, чтоб с ним
   Расстаться был не рад:

Когда б оставили меня
На воле, как бы резво я
   Пустился в темный лес!
Я пел бы в пламенном бреду,
Я забывался бы в чаду
   Нестройных, чудных грез.

И я б заслушивался волн,
И я глядел бы, счастья полн,
   В пустые небеса;
И силен, волен был бы я,
Как вихорь, роющий поля,
   Ломающий леса.

Да вот беда: сойди с ума,
И страшен будешь как чума,
   Как раз тебя запрут,
Посадят на цепь дурака
И сквозь решетку как зверка
   Дразнить тебя придут.

А ночью слышать буду я
Не голос яркий соловья,
   Не шум глухой дубров –
А крик товарищей моих,
Да брань смотрителей ночных,
   Да визг, да звон оков.

1833

Gott, laß mich nicht den Verstand verlieren. / Nein, lieber Wanderstab und Bettelsack; / nein, lieber Mühsal und Hunger. / Nicht, daß ich meinen Verstand / hochschätzte; nicht, daß / ich mich ungern von ihm trennte:

Wenn man mich in Freiheit ließe, / wie freudig würde ich / in den dunklen Wald laufen! / Ich würde in flammendem Fieberwahn singen, / ich würde mich vergessen im Nebel / wirrer, wunderlicher Träume.

Ich würde den Wellen hingegeben lauschen, / und ich würde, des Glückes voll, / in den leeren Himmel schauen; / und ich wäre stark und frei / wie der Wirbelsturm, der die Felder aufwühlt, / der die Wälder knickt.

Aber das Schlimme ist: Verliere den Verstand, / und du wirst schrecklich sein wie die Pest, / sofort wird man dich einsperren, / man wird dich Irren an die Kette legen, / und man wird kommen, um dich wie ein Tier / durch das Gitter zu reizen.

Und nachts werde ich nicht / die helle Stimme der Nachtigall hören, / nicht das dumpfe Rauschen der Eichenwälder – / sondern das Schreien meiner Kameraden, / das Schimpfen der nächtlichen Aufseher, / das Quietschen und das Klirren der Ketten.

P

Пора, мой друг, пора! покоя сердце просит –
Летят за днями дни, и каждый час уносит
Частичку бытия, а мы с тобой вдвоем
Предполагаем жить ... И глядь – как раз – умрем.
На свете счастья нет, но есть покой и воля.
Давно завидная мечтается мне доля –
Давно, усталый раб, замыслил я побег
В обитель дальнюю трудов и чистых нег.

1834

Туча

Последняя туча рассеянной бури!
Одна ты несешься по ясной лазури,
Одна ты наводишь унылую тень,
Одна ты печалишь ликующий день.

Ты небо недавно кругом облегала,
И молния грозно тебя обвивала;
И ты издавала таинственный гром
И алчную землю поила дождем.

Довольно, сокройся! Пора миновалась,
Земля освежилась, и буря промчалась,
И ветер, лаская листочки древес,
Тебя с успокоенных гонит небес.

1835

Es ist Zeit, meine Freundin, es ist Zeit! Das Herz bittet um Ruhe – / die Tage fliegen einer nach dem andern dahin, jede Stunde trägt / ein Teilchen des Daseins fort, und wir beide / gedenken gemeinsam zu leben – und unversehens werden wir sterben. / Auf der Erde gibt es kein Glück, aber es gibt Ruhe und Freiheit. / Lange schon träumt mir ein beneidenswertes Los – / lange schon plante ich, ein müder Sklave, die Flucht / in eine ferne Heimstatt des Schaffens und der reinen Wonnen.

P

Die Wolke

Du letzte Wolke des zerstobenen Sturms! / Allein schwebst du durch das helle Lasurblau, / allein wirfst du einen verzagten Schatten, / allein betrübst du den jubelnden Tag.

Gerade noch bezogst du den Himmel rings, / und drohend umwand dich der Blitz; / geheimnisvollen Donner entsandtest du / und tränktest die dürstende Erde mit Regen.

Genug, verschwinde! Deine Zeit ist vorbei, / die Erde hat sich erfrischt, der Sturm ist verflogen, / und der Wind, die Blätter der Bäume liebkosend, / vertreibt dich vom beruhigten Himmel.

B

(Из Пиндемонти)

Не дорого ценю я громкие права,
От коих не одна кружится голова.
Я не ропщу о том, что отказали боги
Мне в сладкой участи оспоривать налоги
Или мешать царям друг с другом воевать;
И мало горя мне, свободно ли печать
Морочит олухов, иль чуткая цензура
В журнальных замыслах стесняет балагура.
Всё это, видите ль, *слова, слова, слова.**
Иные, лучшие мне дороги права;
Иная, лучшая потребна мне свобода:
Зависеть от царя, зависеть от народа –
Не всё ли нам равно? Бог с ними.

         Никому
Отчета не давать, себе лишь самому
Служить и угождать; для власти, для ливреи
Не гнуть ни совести, ни помыслов, ни шеи;
По прихоти своей скитаться здесь и там,
Дивясь божественным природы красотам,
И пред созданьями искусств и вдохновенья
Трепеща радостно в восторгах умиленья.
 – Вот счастье! вот права . . .

1836

---

* Hamlet.

(Aus Pindemonti)

Nicht hoch schätze ich die lauten Rechte, / von welchen
mehr als einem Kopf schwindlig ist. / Ich murre nicht darüber, daß mir die Götter / das süße Los versagt haben, Steu-
ern abzulehnen / oder die Herrscher zu hindern, einander zu
bekämpfen; / und wenig Kummer bereitet es mir, ob die
Presse frei / die Idioten täuscht oder ob eine empfindliche
Zensur / einen Schwätzer an journalistischen Vorhaben hin-
dert. / All das sind doch nur *Worte, Worte, Worte.* / Andere,
bessere Rechte sind mir teuer; / eine andere, bessere Freiheit brauche ich: / Vom Zaren abhängen, vom Volk abhängen – / ist das nicht alles einerlei für uns? Gott mit ihnen.
Niemandem / Rechenschaft geben, nur sich selbst / dienen
und gefällig sein; für die Macht, für die Livree / weder das
Gewissen noch die Gedanken, noch den Hals beugen; / nach
eigener Laune hier und dort umherwandern, / dabei staunen
über die göttlichen Schönheiten der Natur, / und vor den
Schöpfungen der Künste und der Inspiration / freudig erzittern in entzückter Rührung. / Das ist Glück! das sind
Rechte ...

P

Когда за городом, задумчив, я брожу
И на публичное кладбище захожу,
Решетки, столбики, нарядные гробницы,
Под коими гниют все мертвецы столицы,
В болоте коё-как стесненные рядком,
Как гости жадные за нищенским столом,
Купцов, чиновников усопших мавзолеи,
Дешевого резца нелепые затеи,
Над ними надписи и в прозе и в стихах
О добродетелях, о службе и чинах;
По старом рогаче вдовицы плач амурный;
Ворами со столбов отвинченные урны,
Могилы склизкие, которы также тут,
Зеваючи, жильцов к себе на утро ждут, –
Такие смутные мне мысли все наводит,
Что злое на меня уныние находит.
Хоть плюнуть да бежать . . .

                          Но как же любо мне
Осеннею порой, в вечерней тишине,
В деревне посещать кладбище родовое,
Где дремлют мертвые в торжественном покое.
Там неукрашенным могилам есть простор;
К ним ночью темною не лезет бледный вор;
Близ камней вековых, покрытых желтым мохом,
Проходит селянин с молитвой и со вздохом;
На место праздных урн и мелких пирамид,
Безносых гениев, растрепанных харит
Стоит широко дуб над важными гробами,
Колеблясь и шумя . . .

1836

Wenn ich mich vor der Stadt gedankenverloren ergehe / und auf den öffentlichen Friedhof stoße, / auf die Gitterchen, Säulchen, eleganten Grabmale, / unter denen all die Toten der Hauptstadt modern, / im Sumpf irgendwie in Reih und Glied gebracht, / wie gierige Gäste am armseligen Tisch; / auf die Mausoleen von verstorbenen Kaufleuten und Beamten, / auf die abgeschmackten Ideen eines billigen Meißels, / darüber Inschriften in Prosa und in Versen / über die Tugenden, über den Dienst und die Ränge; / auf die Liebesklage einer Witwe über den alten Gehörnten; / die von Dieben von den Säulen abgeschraubten Urnen; / die glitschigen Gräber, die dort ebenfalls / gähnend auf Bewohner für den nächsten Morgen warten – / dann bringt mich das alles auf so trübe Gedanken, / daß mich schlimme Niedergeschlagenheit befällt. / Ausspucken möchte ich und davonlaufen ...

Was für eine Freude dagegen bereitet es mir, / zur Herbstzeit, in der abendlichen Stille, / auf dem Dorf den Friedhof der Ahnen zu besuchen, / wo die Toten in feierlicher Ruhe schlummern. / Da ist genug Raum für die schmucklosen Gräber; / kein bleicher Dieb schleicht zu ihnen in dunkler Nacht; / an den uralten, gelb bemoosten Steinen / geht der Landmann mit einem Gebet und einem Seufzer vorbei; / statt der eitlen Urnen und der belanglosen Pyramiden, / nasenlosen Genien und zerzausten Grazien / steht breit eine Eiche über den ernsten Gräbern, / wiegt sich und rauscht ...

B

Exegi monumentum.

Я памятник себе воздвиг нерукотворный,
К нему не зарастет народная тропа,
Вознесся выше он главою непокорной
   Александрийского столпа.

Нет, весь я не умру – душа в заветной лире
Мой прах переживет и тленья убежит –
И славен буду я, доколь в подлунном мире
   Жив будет хоть один пиит.

Слух обо мне пройдет по всей Руси великой,
И назовет меня всяк сущий в ней язык,
И гордый внук славян, и финн, и ныне дикой
   Тунгус, и друг степей калмык.

И долго буду тем любезен я народу,
Что чувства добрые я лирой пробуждал,
Что в мой жестокий век восславил я свободу
   И милость к падшим призывал.

Веленью божию, о муза, будь послушна,
Обиды не страшась, не требуя венца;
Хвалу и клевету приемли равнодушно,
   И не оспоривай глупца.

1836

Ein Denkmal, nicht von Hand geschaffen, habe ich mir errichtet, / der Pfad des Volkes zu ihm wird nicht zuwachsen, / es hat sein trotziges Haupt höher erhoben / als die Alexandersäule.

Nein, ganz werde ich nicht sterben – die Seele in der geweihten Lyra / wird meine Asche überdauern und der Verwesung entfliehen – / und ich werde berühmt sein, solange auf Erden / auch nur ein Dichter lebt.

Die Kunde von mir wird durch das ganze große Rußland gehen, / und nennen wird mich jeder darin lebende Volksstamm, / sowohl der stolze Enkel der Slaven, als auch der Finne, der jetzt noch wilde / Tunguse und der Freund der Steppen, der Kalmücke.

Und lange werde ich dem Volke dadurch teuer sein, / daß ich edle Gefühle mit meiner Lyra erweckt, / daß ich in meinem grausamen Zeitalter die Freiheit gerühmt / und zur Barmherzigkeit gegenüber den Gefallenen aufgerufen habe.

O Muse, sei dem Willen Gottes gefügig, / ohne die Kränkung zu fürchten, ohne den Kranz zu fordern; / nimm gleichgültig Lob und Verleumdung entgegen, / und streite nicht mit dem Dummen.

P

Anmerkungen

8 Roza · Die Rose

9,1 *Rose:* das Sinnbild der Liebe, der Schönheit.

9,6 *Lilie:* das Symbol der strahlenden Reinheit, Unschuld, Jungfräulichkeit, auch der vertrauensvollen Hingabe an den Willen Gottes (vgl. die »Lilien des Feldes« in der Bergpredigt).

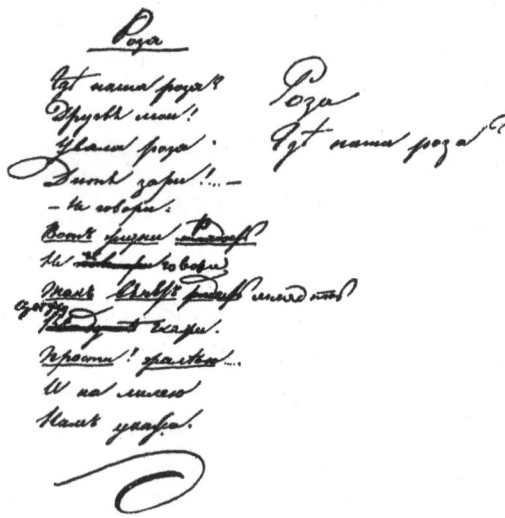

8 K Morfeju · An Morpheus

9,8 *Morpheus:* Gott des Schlafes und der Träume.

12 Želanie · Wunsch

Dies ist die ursprüngliche Lyzeums-Fassung. Später erschien das Gedicht um die fünf ersten Zeilen verkürzt, begann also mit: *Ja slëzy l'ju … / Ich vergieße Tränen …*

14 Carskoe Selo · Zarskoje Selo

Von 1811 bis 1817 besuchte Puschkin die unmittelbar zuvor von Zar Alexander I. gegründete Eliteschule für adlige Söhne in Zarskoje Selo, heute: Puschkin. Der Besuch des greisen Dershawin, des bedeutendsten Dichters des russischen Klassizismus, vor dem Puschkin seine Ode *Erinnerungen in Zarskoje Selo* deklamieren durfte, wurde zum ersten Triumph des jungen Dichters.

16 Del 'vigu · An Delwig

17,1 *Delwig:* Anton Delwig (1798–1831). Der spätere Dichter war im Lyzeum von Zarskoje Selo Puschkins enger Freund.

17,7 *Kamönen:* den Musen gleichgestellte Göttinnen.

18 K portretu Žukovskogo · Auf ein Porträt von Schukowskij

19,1 *Shukowskj:* Wassilij Shukowskij (1783–1852) war seit 1818 mit Puschkin befreundet. Shukowskijs Übersetzungen, auch aus

130

dem Deutschen, waren populärer als seine eigenen Gedichte. Diese sind von der Diktion her weich und sanft, der Vers ist leicht und von einer »bezaubernden Süße«. Die Themen sind Liebe und Sehnsucht, die erinnerungsselig in die Vergangenheit schweift, sowie ein ideales Jenseits, von wo die Seele Zeichen einer lichten Existenz erhält. Seine Kunst hat auf Puschkin, Polonskij, Fet und noch auf Alexander Blok stark gewirkt. »Dem siegreichen Schüler von seinem besiegten Lehrer«, mit dieser großherzigen Widmung sandte er Puschkin sein Porträt.

18 K Čaadaevu · An Tschaadajew

19,8 *Tschaadajew:* Pjotr Tschaadajew (1794?–1856), russischer Geschichtsphilosoph und Publizist, der als Offizier gegen Napoleon kämpfte und 1814 am Einmarsch in Paris beteiligt war; 1816 lernte er Puschkin in Zarskoje Selo kennen, und es entwickelte sich eine lebenslange Freundschaft; Nähe zu den Kreisen der Dekabristen (s. Anm. zu 55,11). – Ungeheures Aufsehen erregten seine *Acht philosophischen Briefe* – der erste erschien 1836 –, deren Inhalt die Grundfesten des zaristischen Staates in Frage stellte. Zar Nikolaus I. ließ Tschaadajew für wahnsinnig erklären und unter medizinisch-polizeiliche Aufsicht stellen.

20 Dorida · Dorida

21,1 *Dorida:* konventioneller Name aus der Schäferpoesie des 18. Jahrhunderts. Die letzte Zeile ist ein Zitat aus der 25. Elegie von André Chénier. »Als Lyriker empfing er von dem hervorragenden französischen Dichter André Chénier, *dem klassischsten aller Klassiker,* wie Puschkin ihn nannte, entscheidende Anregungen. Seine fließende und doch plastische, von lateinischer und hellenischer Form und Idee geprägte, in Licht gebadete Lyrik sprach ihn als vollkommener Ausdruck seines eigenen Strebens nach einer makellosen Wortkunst an. [...] Die Vereinigung von glühender Leidenschaft und kühler Meisterschaft, die er bei dem Dichter der französischen Revolutionszeit fand, entsprach sowohl seinem eigenen künstlerischen Ideal als auch seinem eigenen dichterischen Talent. Für ihn bestand das Geheimnis Chéniers in seiner Unabhängigkeit von einengenden äußeren Regeln und seiner Treue der klassischen Gesetzmäßigkeit gegenüber. [...] Noch 1825 schrieb er ein Gedicht zum Gedächtnis Chéniers« (Adolf Stender-Petersen, *Geschichte der russischen Literatur,* Bd. 2, München 1957, S. 106 f.

22 Pogaslo dnevnoe svetilo · Das Tagesgestirn ist erloschen

Erstes Gedicht aus dem Süden, das bei der Überfahrt von Kertsch nach Gurzuf auf dem Schiff entstand. Machtvoll wird hier zum ersten Mal das Thema des Meeres angeschlagen, des freien und befreienden Elements, und, damit verbunden, der Sehnsucht nach einem »fernen Ufer«. Man kann dieses Gedicht autobiographisch lesen als die Konfession eines blasierten Vielerfahrenen, der die »törichte Liebe früherer Jahre« flieht, aber auch als einen Ausdruck der Verzweiflung in gesellschaftspolitischer Hinsicht, die sich nicht länger erinnern will »an alles, woran ich litt [...], an den quälenden Trug der Wünsche und Hoffnungen« – die Anspielung ist deutlich genug.

24 Muza · Die Muse

Puschkin über diese Verse: »Ich mag sie – sie sind ein Echo auf die Verse Batjuschkows.« Puschkin, der viel von dem Lyriker Konstantin Batjuschkow (1787–1855) lernte, nannte ihn einen »Zauberer«.

26 Čaadaevu · An Tschaadajew

27,1 *Tschaadajew:* Tschaadajew: s. Anm. zu 19,8: K Čaadaevu / An Tschaadajew.

27,3 *die Asche Ovids:* Der römische Dichter Ovidius Naso, von Kaiser Augustus ans Schwarze Meer verbannt, starb dort im Exil. Puschkins Ausweisung aus Petersburg und seine »Versetzung« in den Süden Rußlands erfolgte Anfang Mai 1820.

27,3 f. *mein einsamer Nachbar:* das russ. Wort »pustynnyj«, heute auf die Bedeutung »öde«, »wüst«, »menschenleer« usw. eingeengt, hat zu Puschkins Zeit auch die Bedeutung »einsam« (so auch in seinem Gedicht *Svobody sejatel' pustynnyj / Ein einsamer Sämann der Freiheit* von 1823 (S. 38).

27,23 f. *Aufklärung:* In seinem Gedicht *K morju / An das Meer* von 1824 (S. 42) wird Puschkin das Wort mit einem negativen Akzent versehen und die Aufklärung als Gehilfen der Tyrannei denunzieren. Doch hat »Aufklärung« in den beiden Fällen eine unterschiedliche Bedeutung: in dem früheren Gedicht bezeichnet es die mit der Aufklärung verbundenen Freiheitsideen, in den späteren die Degenerierung aufklärerischer Gedanken zu politischen Handlungsmaximen, die zu Feinden des ›romantisch‹-freiheitlichen Denkens geworden sind.

29,7 f. *nichts kann mir den einzigen Freund ersetzen:* Puschkin war, wie besonders aus seiner großen Korrespondenz erhellt, seinen Freunden ein wahrer Freund. Und das nicht nur im Sinne der Geselligkeit und der Pflege des romantischen Kults der (Männer-)Freundschaft, sondern auch als Helfer der Bedrängten, in Not Geratenen, der Verbannten. So ist es nicht übertrieben, wenn Puschkin in seinem Vermächtnisgedicht *Ja pamjatnik sebe vozdvig nerukotvornyj / Ein Denkmal, nicht von Hand geschaffen, habe ich mir errichtet* (S. 126) von sich selbst sagt: »Und lange werde ich dem Volke dadurch teuer sein, / daß ich edle Gefühle mit meiner Lyra erweckt, / daß ich in meinem grausamen Zeitalter die Freiheit gerühmt / und zur Barmherzigkeit gegenüber den Gefallenen aufgerufen habe«.

den einzigen: Der Übersetzer möchte an dieser Stelle das schöne, in der Goethe-Zeit gebräuchliche ›einzig‹ im Sinne von ›einzigartig‹ zu neuem Leben erwecken …

29,15 *hieltest du mich …:* Puschkin dachte, nach schlimmen, von einem gewissen Fjodor Tolstoj 1820 in die Welt gesetzten Verleumdungen, an Selbstmord. (Belegt durch einen Brief Puschkins an Alexander I. von Juli/September 1825.) Die Stelle spricht von Tschaadajews lebensrettender Hilfe und erinnert in ihrem hohen Ton an die Sprache der Psalmen (im 3. Abschnitt des Gedichts sagt Puschkin denn auch: »Mit einem anderen Gebet habe ich den Himmel nicht belästigt«).

29,29 *Lushnikow:* Pseudonym für Michail Katschenowskij.

31,23 *Schöpping:* ein gewisser Otto Schöpping, Offizier der Reitergarde.

32 Ptička · Das Vöglein

Puschkin sandte am 13. Mai 1823 an Nikolaj Gneditsch dieses Gedicht mit den Worten: »Kennen Sie den rührenden Brauch des russischen Bauern, am lichten Sonntag einem Vöglein die Freiheit zu geben? Darüber diese Verse.« Der Herausgeber der Zeitschrift, in der das Gedicht im gleichen Jahr erschien, kommentiert es folgendermaßen: »Es bezieht sich auf jene Wohltäter der Menschheit, die ihre Mittel dazu benützen, Unschuldige, Schuldner u. a. aus dem Gefängnis loszukaufen« (*Literarische Blätter,* 1823, Nr. 2).

32 Kto, volny, vas ostanovil · Wer, Wellen, brachte euch zum Stehn

Diese als Naturgedicht getarnte Anrede an das Meer gibt Puschkins

Bedrückung angesichts der in Europa herrschenden Reaktion (u. a. die »Heilige Allianz« zwischen Rußland, Preußen und Österreich), die alle Freiheitsbestrebungen unterdrückte, beredten Ausdruck.

34 Zaviduju tebe, pitomec morja smelyj · Ich beneide dich, kühner Zögling des Meeres

35,1 *Ich beneide dich:* An wen das Gedicht gerichtet ist, blieb unbekannt. Eine Reaktion Puschkins auf die politische Lage im »hinfälligen Europa«.

35,10 *freier Ozean:* Der Erde wird der Ozean als Symbol der Freiheit gegenübergestellt. 1824 wird dieses Bild in dem großen Gedicht *K morju / An das Meer* (S. 42) weiterentwickelt. 1826 allerdings ist die Hoffnung bereits geschwunden: s. *K Vjazemskomu / An Wjasemskij* (S. 54).

36 Demon · Der Dämon

Puschkin, der diesem Gedicht große Bedeutung beimaß, zog eine Parallele zwischen seinem Dämon und Goethes Mephisto, dem »Geist, der stets verneint«. Er wies damit Interpretationen zurück, die in der Gestalt des Dämon lediglich einen Verführer der Jugend, ja sogar das Porträt von Puschkins trockenem und scharfzüngigem Freund Alexander Rajewskij sehen wollten.

»Ich umarme Dich für Deinen ›Dämon‹. Zum Teufel mit dem Teufel! das ist Deine vorläufige Devise. Du hast das Zeug, zu den Göttern zu gelangen – vorwärts. Flügel hat deine Seele! Die Höhe wird sie nicht fürchten, dort ist ihr eigentliches Element! Gib diesen Flügeln die Freiheit, und der Himmel ist Dein« (Wassilij Schukowskij an Alexander Puschkin, 1. Juni 1824).

Ein entscheidend neuer Aspekt in dem Bild des Dämon tritt in dem Gedicht *Angel / Der Engel* von 1827 hinzu (s. Anm. zu 66).

38 Svobody sejatel' pustynnyj · Ein einsamer Sämann der Freiheit

Puschkin fühlt sich als (lyrischer) Prediger in der Wüste, seine Versuche, die Völker mit dem Wort aufzurütteln, erscheinen ihm vergeblich. »Schrieb dieser Tage [...] etwas im Stile der Gleichnisse des gemäßigten Demokraten Jesus Christus«, mit diesen ironischen Worten sandte Puschkin am 1. Dezember 1823 das Gedicht an Alexander Turgenjew.

Das Motto stammt aus den Gleichnissen Jesu, Matthäus 13,3.

40 Telega žizni · Der Wagen des Lebens

Puschkin war, aus sprachlichen Gründen, mit der deutschen Dichtung kaum vertraut, aber diese Allegorie auf die Zeit, die mit uns Menschen »Schlitten« bzw. Kutsche fährt und uns am Schluß, wenn wir nur noch halb bei Bewußtsein sind, zu unserem »Nachtquartier« bringt, d. h. in den Tod entläßt, liest sich wie ein Echo auf Goethes Hymne *An Schwager Kronos,* die den Untertitel trägt: »In der Postchaise den 10. Oktober 1774«. – Die letzte Zeile der zweiten Strophe ist nicht vollständig – zu ergänzen ist ein Fluch.

42 K morju · An das Meer

43,2 *Leb wohl, du freies Element!:* Nach einem Jahr der Verbannung in Odessa mußte Puschkin 1824 in die neue Verbannung nach Michajlowskoje (Gebiet von Pskow, im Innern Rußlands), wo er das in Odessa begonnene Gedicht weiter- und zu Ende schrieb. Nicht nur für Puschkin, für jeden Russen ist Freiheit unlösbar mit Weite verbunden, im Symbol des Meeres verbinden sich grenzenlose Freiheit und Ungebundenheit.

43,9 f. *von einem geheimen Plan gequält:* Drei Strophen weiter spricht der Dichter von »Flucht«: Puschkin hegte den Gedanken, von Odessa über das Meer nach Europa zu fliehen.

45,2 f. *von einer machtvollen Leidenschaft verzaubert:* Gemeint ist Puschkins Zuneigung zu Jelisaweta Woronzowa (1790–1880).

45,9 *ist Napoleon erloschen:* N. starb 1821 auf der Insel St. Helena.

45,11 *ein anderer Genius:* Lord Byron, der 1824 in Griechenland starb.

45,19 *Die Welt ward leer:* Diese Strophe, die aussagekräftigste des Gedichts, wurde von der Zensur fast völlig gestrichen und konnte zu Lebzeiten des Dichters nicht im Druck erscheinen.
unter der Bewachung der Aufklärung: Daß die Aufklärung negativ bewertet und in einem Atemzug mit der Tyrannei genannt wird, erklärt sich aus der Abneigung der Romantiker gegenüber der Vorstellungswelt der Aufklärer bzw. deren Pervertierung.

48 O muza plamennoj satiry! · O Muse der flammenden Satire!

Nach Aussage eines Freundes hatte Puschkin die Absicht, mit diesem Gedicht eine Ausgabe politischer Epigramme einzuleiten.

50 K*** · An***

Das Gedicht ist an Anna Kern (1800–79) gerichtet, eine Nichte von

Puschkins Nachbarin Praskowja Ossipowa in Trigorskoje, bei der sie 1825 zu Besuch weilte. In der ersten Strophe erinnert Puschkin an ihre erste Begegnung 1819 in Petersburg.

52 Zimnij večer · Winterabend

53,13 *meine Alte:* Puschkins Amme Arina Rodionowna.

54 K Vjazemskomu · An Wjasemskij

55,11 *Wjasemskij:* Pjotr Wjasemskij (1792–1878), russischer Lyriker, Wegbereiter der Romantik, literarischer Mentor Puschkins. Nach den – politisch motivierten – Verherrlichungen des Meeres (*Zaviduju tebe, pitomec morja smelyj / Ich beneide dich, kühner Zögling des Meeres,* 1823, S. 34; *K morju / An das Meer,* 1824, S. 42) nun, ein Jahr nach dem Dekabristen-Aufstand (der Erhebung junger Offiziere in Petersburg gegen die zaristische Autokratie, die u. a. eine Verfassung forderten) die vollkommene Desillusion. – Puschkin sandte dieses Gedicht in einem Brief vom 14. August 1826 als Antwort auf ein Gedicht Wjasemskijs (Brief an Puschkin vom 31. Juli 1826). Puschkin schreibt u. a.: »Ich hoffe noch immer auf die Krönungsfeier; die Katorga der 120 Freunde, Brüder, Kameraden ist entsetzlich.« Doch seine Hoffnung, Nikolaus I. würde, aus Anlaß seiner Krönung, die Dekabristen begnadigen, erfüllte sich nicht.

56 Prorok · Der Prophet

In der Gestalt des Propheten stellt Puschkin den Dichter dar. Die Darstellung lehnt sich teilweise an den Bibeltext in Jesaja 6,2 ff. an.

58 Zimnjaja doroga · Winterlicher Weg

Dieses Gedicht schrieb Puschkin unter dem Eindruck einer Reise von Pskow nach Moskau. Die angeredete »Nina« ist wohl ein konventionell gewählter Name.

60 Vo glubine sibirskich rud · In der Tiefe sibirischer Erze

Diese Epistel ist an die in Sibirien zur Zwangsarbeit verurteilten Dekabristen gerichtet und sollte ihnen Trost und Mut zusprechen. Die Frau des Dekabristen Nikita Murawjow nahm das Gedicht nach Sibirien mit. Alexander Odojewskij sandte ein Antwortgedicht an Puschkin, in dem der Vers »Iz iskry vozgoritsja plamja« (»Aus dem Funken entspringt die Flamme«) stand, den Lenin zum Motto der Zeitschrift *Iskra* (»Der Funke«) machte.

62 Solovej i roza · Die Nachtigall und die Rose

Die Liebe zwischen Rose und Nachtigall: in orientalischer Dichtung ein stehendes Motiv. Der von der Schönheit verschmähte (oder von der gleichgültigen Menge unbeachtete) Dichter (ver)zweifelt an dem Sinn seines Tuns.

62 V stepi mirskoj, pečal'noj i bezbrežnoj · In der traurigen und endlosen Öde der Welt

63,14 *Der kastalische Quell:* den Musen geweihte Quelle am Parnaß, dem Musensitz der alten Griechen; Symbol dichterischer Begeisterung. Eine allegorische Darstellung von Puschkins tiefer Verzweiflung über die geistige Verarmung in Moskau und Petersburg nach der Zerschlagung der Dekabristen? Oder spielt der Schluß auf eine enttäuschend ausgegangene Liebesaffäre des Dichters an?

64 Arion · Arion

Vordergründig ein Rollengedicht des griechischen Lyrikers Arion (um 600 v. Chr., am Hof des Tyrannen Periander von Korinth), von dessen Errettung aus dem Meer durch einen Delphin Herodot berichtet. Doch muß man in dem »Sänger« Puschkin selbst sehen: In allegorischer Form spricht er von der Bewegung der Dekabristen, ihrem Schicksal und seiner Teilnahme an ihrer Tätigkeit. Formal gehörte Puschkin nicht zu ihrer geheimen Gesellschaft, stand ihnen aber mit seiner Dichtung zur Seite und blieb, auch nach Niederschlagung des Aufstands (1825; Bestrafung, darunter 5 Todesurteile, am 13. Juli 1826) seinen Überzeugungen treu. Puschkins politisches Verhalten als Dichter und als Bürger ist dem Heinrich Heines vergleichbar: Sympathisieren mit fortschrittlichen Tendenzen und Bewegungen bei gleichzeitigem Wahren seiner Unabhängigkeit und ohne Kompromisse als Dichter.

66 Angel · Der Engel

Der Dämon aus dem Gedicht von 1823 (S. 36), von dem es am Schluß heißt: »und nichts in der ganzen Natur / wollte er gutheißen«, wird seinen Prinzipien untreu und beginnt, der Schönheit zugänglich zu werden. Setzt man an die Stelle des Dämons den Dichter und an die des Engels die Frau, so kann man diese Zeilen auch als eine Selbstaussage oder Konfession lesen (ohne an eine bestimmte Frau denken zu müssen). Reizvoll wäre ein Vergleich zwischen Puschkins ›Dämon‹ und dem Lermontows, des Dichters mit dem bösen Blick.

Daß auch Puschkin einen solchen Blick besaß und oftmals durchaus nicht der apollinisch heitere, abgeklärte Olympier war, wie man ihn lange Zeit in Rußland haben wollte, erhellen nicht wenige seiner Gedichte und Selbstzeugnisse.

70 Vospominanie · Erinnerung

71,3 f. *der halbdurchsichtige Schatten der Nacht:* Puschkin schrieb das Gedicht in Petersburg zur Zeit der weißen Nächte.

72 Dar naprasnyj, dar slučajnyj · Unnütze Gabe, zufällige Gabe

Das Datum, das über diesem Gedicht steht, ist der Geburtstag Puschkins. Der Metropolit von Moskau, Filaret, lernte dieses Gedicht unmittelbar nach seiner Veröffentlichung kennen und schrieb bald darauf eine Palinodie, einen dichterischen Widerruf, der mit den Zeilen beginnt: »Nicht unnütz, nicht zufällig / ist mir das Leben von Gott gegeben.« Eine gemeinsame Bekannte des Metropoliten und Puschkins ließ diesen davon wissen, und Puschkin antwortete ihr auf französisch: »Des vers d'un chrétien, d'un évêque russe en réponse à des couplets sceptiques! C'est vraiment une bonne fortune« (»Verse eines Christen, eines russischen Bischofs, als Antwort auf skeptische Couplets! Das nenne ich Glück«). Puschkin dankte dem Metropoliten durch ein Gedicht.

74 Ančar · Antschar

In allegorischer Form eine Geißelung skrupelloser Herrschaft von Menschen über Menschen. Wie meist in seinen Gedichten mit ›hohem‹ Gehalt scheut Puschkin sich nicht vor der Verwendung altertümlicher Wörter und Wendungen aus dem Bereich des Kirchenslawischen.

78 Na cholmach Gruzii ležit nočnaja mgla · Auf Georgiens Hügeln liegt nächtliches Dunkel

Das Gedicht wurde in Georgijewsk, im nördlichen Kaukasus, geschrieben und ist an Marija Wolkonskaja gerichtet, mit der der Dichter dort 1820 verkehrt hatte. Es wurde ihr 1830 nach Sibirien geschickt, wohin sie ihrem Mann in die Verbannung gefolgt war; zusammen mit der Fürstin Trubezkaja gehörte die Fürstin Wolkonskaja zu den bekanntesten »Dekabristen-Frauen«.

82 Monastyr' na Kazbeke · Das Kloster auf dem Kasbek

83,4 *Kasbek:* Berg im mittleren Großen Kaukasus.

Über dieses Kloster schreibt Puschkin auch im 5. Kapitel der *Reise nach Arsrum*: »Als ich am Morgen den Kasbek entlangfuhr, bot sich mir ein wunderbares Schauspiel: Weiße zerrissene Wolken trieben um den Gipfel des Berges, und es schien, als würde das einsame, von den Sonnenstrahlen beleuchtete Kloster, von den Wolken getragen, in der Luft schweben.«

84 K bjustu zavoevatelja · Auf die Büste eines Eroberers

An wen sich dieses Gedicht richtet, ist nicht bekannt. Bekannt aber ist, um wessen Büste es sich handelt: um die des Zaren Alexander I., geschaffen von Bertel Thorvaldsen 1820 in Warschau. Auf den Dargestellten bezieht sich auch der Anfang des sog. »Zehnten Kapitels« des *Eugen Onegin,* in dem Puschkin die folgende Charakteristik des Zaren liefert: »Ein schwacher und verschlagener Herrscher, / ein glatzköpfiger und arbeitsscheuer Geck, / ein zufälliger Günstling des Ruhms, / regierte damals über uns.« Um den Leser (Zensor) von dem wahren Adressaten des Gedichts abzulenken, wählte Puschkin für eine geplante Veröffentlichung den allgemeinen Titel.

88 Sonet · Sonett

89,2 *Scorn not the sonnet, critic:* (engl.) Verachte nicht das Sonett, Kritiker.

89,11 f. *der Sänger Litauens:* der Nationaldichter Polens, Adam Mickiewicz (1798–1855), der, aus Litauen ausgewiesen, von Odessa aus einen Ausflug auf die Krim (»Taurien«) machte und darüber seine *Sonette von der Krim* schrieb.

89,15 *Delwig:* Vgl. das Gedicht *Del'vigu / An Delwig* (S. 16).
»Von den festen Formen, die importiert wurden, wurde in der russischen Poesie nur das Sonett endgültig aufgenommen und bis in die moderne Zeit beibehalten« (B. O. Unbegaun, *Russian versification,* Oxford ³1966, S. 83).

90 Poétu · Dem Dichter

Das Sonett ist ein Echo auf das Unverständnis und die Feindseligkeit der Presse, deren Ausfälle Puschkin im Jahre 1830 zu ertragen hatte. Wenn hier vom »Volk«, von der »Menge«, an anderer Stelle, in ähnlichem Zusammenhang, vom »Pöbel« gesprochen wird, so ist nicht der einfache Mann auf der Straße oder auf dem Acker gemeint, sondern die Vertreter der sog. höheren oder besseren Gesellschaft: nicht die Ungebildetheit der einfachen Menschen macht dem Dichter das Leben schwer, sondern die Halbgebildetheit jener Kreise, die das gesellschaftliche Leben bestimmen; mit ihnen, den Dummen, zu streiten, ist das Dümmste, was der Dichter tun kann – vgl. *Ja pamjatnik sebe vozdvig nerukotvornyj / Ein Denkmal, nicht von Hand geschaffen, habe ich mir errichtet*, 127,19 ff.

92 Madonna · Die Madonna

Das Sonett ist Puschkins Verlobter, Natalija Gontscharowa, gewidmet, die er ein Jahr später heiratete.

93,1 *Madonna:* Aus einem Brief Puschkins geht hervor, daß es sich um ein Madonnen-Bild Raffaels handelt, eine alte Kopie, die dem Dichter in einem Petersburger Geschäft als Original verkauft worden war.

93,14 *Palme:* Ihre alte Symbolik im Orient bezieht sich auf Sieg, Aufstieg, Wiedergeburt und Unsterblichkeit; die Palme wurde ein bevorzugtes Symbol der christlichen Kunst.
Zions: Zion: eigtl. Hügel in Jerusalem, später Bezeichnung für die ganze Stadt in ihrer endzeitlichen Heilsbedeutung.

140

94 Besy · Die Dämonen

Das Gedicht ist u. a. auch politisch interpretiert worden: »Auf der Grundlage von Bildern der Volksdichtung wird in dem Gedicht ein symbolisches Bild der ›Weglosigkeit‹ gegeben, das jenes bedrükkende Gefühl wiedergibt, das Puschkin in den 30er Jahren empfand, in den Jahren der deprimierten gesellschaftlichen Stimmung der Nachdekabristenzeit« (W. Kuleschow, in: *A. S. Puškin. Stichotvorenija. Poèmy,* Moskau 1978).

100 Proščanie · Abschied

Das Gedicht wendet sich an Jelisaweta Woronzowa. Es ist eines von drei kurz vor seiner Hochzeit geschriebenen und an einstmals geliebte Frauen gerichteten Gedichten.

110 Osen' · Der Herbst

111,5 *Dershawin:* s. Anm. zu 14: *Carskoe Selo · Zarskoje Selo.*

113,3 f. *Armidas:* Armida: die Zauberin im *Befreiten Jerusalem* von Tasso.

Die in Stanzen (Oktaven) gefaßte Verherrlichung des Herbstes kommt nicht von ungefähr: diese Jahreszeit war immer Puschkins dichterisch ertragreichste Zeit. In den idyllischen Ton des Gedichts mischt sich am Schluß der nachdenkliche Klang einer unbeantworteten Frage. Die Oktave wurde von Shukowskij nach Rußland gebracht. Puschkin lernte diese Strophenform durch ihn sowie durch Byrons *Don Juan* kennen. Er hat sie in seinem Poem *Das Häuschen in Kolomna* verwendet (in fünfhebigen Jamben), dessen erste Strophe so beginnt: »Des vierhebigen Jambus bin ich überdrüssig geworden: / so schreibt ja jeder. Es wäre Zeit, ihn den Knaben / zum Zeitvertreib zu überlassen. Schon lange / wollte ich mich der Oktave zuwenden . . .«

120 Tuča · Die Wolke

Als Naturgedicht lesbar, aber auch als Allegorie. Wobei schwer zu entscheiden ist, ob in dem Bild von der »letzten Wolke« die negativen Eigenschaften (sie wirft einen »verzagten Schatten«, »betrübt« den »jubelnden Tag« und sandte gerade noch »Blitz« und »Donner«) oder die positiven (dank ihrer hat die Erde sich »erfrischt«) überwiegen. Wahrscheinlich muß man beides zusammen sehen: die Wolke als eine elementare, reinigende Kraft, die ihre Arbeit getan hat und die nun verschwinden soll, denn »Deine Zeit ist vorbei« – der Dichter wird nicht mehr gebraucht?

Я памятник себе воздвиг нерукотворный

Къ нему не заростетъ народная тропа

Вознесся выше онъ главою непокорной

    Александрійскаго столпа.

Нѣтъ, весь я не умру — душа въ завѣтной лирѣ
мой прахъ
Мой переживетъ и тлѣнiя убѣжитъ —

И славенъ буду я, доколь въ подлунномъ мiрѣ

    Живъ будетъ хоть одинъ пiитъ
       а
Слухъ обо мнѣ пройдетъ по всей Руси великой

И назоветъ меня всякъ сущій въ ней языкъ

И гордый внукъ Славянъ, и финнъ и нынѣ дикой

    Тунгузъ, и другъ степей Калмыкъ.

И долго буду тѣмъ любезенъ я народу
    чувства добрыя я лирой пробуждалъ
Что чувства добрыя я лирой пробуждалъ
    въ мой жестокій вѣкъ
Что вслѣдъ Радищеву восславилъ я свободу
        И къ падшимъ
    И милосердіе воспѣлъ
  Велѣнью Божію
Призванью своему, о Муза, будь послушна

Обиды не страшась, не требуя вѣнца,

Хвалу и клевету принимай равнодушно

    И не оспоривай глупца

122 (Iz Pindemonti) · (Aus Pindemonti)

123,1 *Aus Pindemonti:* Durch den Hinweis auf diese offensichtlich vorgetäuschte Quelle seines Gedichts wollte Puschkin wohl die Zensur umgehen. Andernfalls müßte man an den italienischen Dichter Ippolito Pindemonte (1753–1828) denken.

124 Kogda za gorodom, zadumčiv, ja brožu · Wenn ich mich vor der Stadt gedankenverloren ergehe

125,2 *öffentlichem Friedhof:* im Unterschied zu privaten Friedhöfen, die einzelne Wohlhabende zu jener Zeit unterhielten.

126 Ja pamjatnik sebe vozdvig nerukotvornyj · Ein Denkmal, nicht von Hand geschaffen, habe ich mir errichtet

Motto und Thema des Gedichts gehen auf eine Ode des Horaz zurück (*Oden* 3,30), die Lomonossow übersetzte und die schon Dershawin zum Vorwurf seines Gedichts *Pamjatnik* (»Das Denkmal«) machte.

127,4 f. *Alexandersäule:* Denkmal für Alexander I. in Petersburg auf dem Schloßplatz.

127,13 *Tunguse:* Angehöriger von Volksstämmen, die in Sibirien und Nordchina leben.

127,14 *Kalmücke:* Angehöriger eines westmongolischen Nomadenvolkes, das seit 1958 in der Kalmückischen Autonomen Sowjetrepublik seßhaft geworden war.

Alexander Puschkin, Selbstporträt, 1829

Literaturhinweise

Achmatova, A. A.: O Puškine. Stat'i i zametki. Leningrad 1977.

Alekseev, M. P.: Stichotvorenie Puškina »Ja pamjatnik sebe voz-dvig«. Problemy ego izučenija. Leningrad 1967.

»Arzamas«. Sbornik v dvuch knigach. Moskau 1994.

Bethea, D. (Hrsg.): Puškin Today. Bloomington (Indianapolis) 1993.

Blagoj, D. D.: Masterstvo Puškina. Moskau 1955.

Blok, A. A.: Sobranie sočinenij v 8 t. Moskau/Leningrad 1962. T. 2.

Bondi, S. M.: O Puškine. Stat'i i issledovanija. Moskau 1978.

Busch, U.: Puschkin. Leben und Werk. München 1989.

Chodasevič, V. F.: O Puškine. Berlin 1937.

Cvetaeva, M.: Mein Puschkin. Puschkin und Pugatschow. Zwei Essays. Aus dem Russischen von Hilde Angarowa [u. a.]. Berlin 1978.

Faryno, J.: Ljubovnaja lirika Puškina. Semiotičeskij ètjud. In: Russian Literature 6 (1974).

Flejšman, L. S.: Iz istorii èlegii v Puškinskuju èpochu. In: Puškinskij sbornik. Vyp. 1 (Učenye zapiski Latvijskogo gosudarstvennogo universiteta. T. 106). Riga 1968.

Gasparov, B.: Funkcii reminiscencij iz Dante v poèzii Puškina (Stat'ja pervaja). In: Russian Literature XIV (1983).

– Poètičeskij jazyk Puškina kak fakt istorii russkogo literaturnogo jazyka. Wien 1992.

– / Paperno, I.: K opisaniju motivnoj struktury liriki Puškina. In: N. A. Nilsson (Hrsg.): Russian Romanticism. Studies in Poetic Codes. Stockholm 1979.

Geršenson, M. O.: Sny Puškina. In: Puškin. Sb. 1. Moskau 1924.

– Stat'i o Puškine. Moskau 1926.

Gessen, S. Ja.: Puškin nakanune dekabr'skich sobytij 1825 g. In: Vremennik Puškinskoj komissii. T. 2. Moskau/Leningrad 1936.

Gillel'son, M. I.: Molodoj Puškin i arzamasskoe bratstvo. Leningrad 1974.

Ginzburg, L. Ja.: Problema ličnosti v poèzii dekabristov. In: L. Ja. G.: O starom i novom. Leningrad 1982.

Gukovskij, G. A.: Puškin i russkie romantiki. Moskau 1965.

Iz pisem i pokazanij dekabristov. St. Petersburg 1906.

Jakobson, R. O.: O »stichach, sočinennych noč'ju«. In: A. Kodjak / K. Pomorska / K. Taranovsky (Hrsg.): Alexander Puškin. Symposium II. Columbus (Ohio) 1980.

144

Lachmann, R.: Intertextualität als Gedächtnishandlung: Puškins Horaz-Transposition. In: R. L.: Gedächtnis und Literatur. Intertextualität in der russischen Moderne. Frankfurt a. M. 1990.

Lauer, R.: Russische Freimaurerdichtung im 18. Jahrhundert. In: E. H. Balász [u. a.] (Hrsg.): Beförderer der Aufklärung in Mittel- und Osteuropa. Freimaurer, Gesellschaften, Clubs. Berlin 1979. (Studien zur Geschichte der Kulturbeziehungen in Mittel- und Osteuropa. 5.)

Lotman, Ju.: Alexander Puschkin. Aus dem Russ. übers. von Beate Petras. Nachw. von Klaus Städtke. Leipzig 1989.

– Puškin. Biografija pisatelja. Stat'i i zametki 1960–1990. »Evgenij Onegin«. Kommentarij. St. Petersburg 1995.

Meyer, H.: Romantische Orientierung. Wandermodelle der romantischen Bewegung (Rußland): Kjuchel'beker, Puškin, Vel'tman. München 1995.

Nabokov, V.: Kommentare in: A. S. Puškin: Eugen Onegin. A Novel in Verse. Translated from the Russian, with a Commentary by Vladimir Nabokov. 3 Bde. Princeton [2]1990.

Raab, H.: Die Lyrik Puschkins in Deutschland (1820–1870). Berlin 1964.

Rothe, H.: Puškin und Napoleon. In: Arion. Jahrbuch der deutschen Puškin-Gesellschaft. Bd. 1. Bonn 1989; Bd. 2. Bonn 1992.

Ščegolev, P. E.: Duėl' i smert' Puškina. Moskau 1936.

Senderovich, S.: Aletejja. Ėlegija Puškina »Vospominanie« i problemy ego poėtiki. Wien 1982.

Senderovich, S. und M.: Two Articles on Pushkin's »Rose«. In: Cornell Soviet Studies Reprint. 41. Ithaca (New York) 1977.

Šil'der, N. K.: Imperator Aleksandr Pervyj. St. Petersburg 1898.

Smirnov, I. P.: Kastracionnyj kompleks v lirike Puškina (metodologičeskie zametki). In: Russian Literature XXIX (1991).

Stepanov, N.: Družeskoe pis'mo načala XIX veka. In: Russkaja proza. Leningrad 1926.

Tomaševskij, B. V.: Puškin. Moskau/Leningrad 1956.

Tynjanov, Ju. N.: Puškin i ego sovremenniki. Moskau 1969.

Vacuro, V. E. (Hrsg.): Puškin v vospominanijach sovremennikov. 2 Bde. Moskau 1974.

Veresaev, V.: Puškin v žizni. Sistematičeskij svod podlinnych svidetel'stv sovremennikov. Moskau 1984.

Veselovskij, A. N.: V. A. Žukovskij, Poėzija čuvstva i »serdečnogo voobraženija«. Petrograd 1918.

Vinogradov, V. V.: Jazyk Puškina. Puškin i istorija russkogo literatur-
    nogo jazyka. Moskau/Leningrad 1935.
Ziegler, G.: Alexander S. Puschkin mit Selbstzeugnissen und Bild-
    dokumenten dargestellt. Reinbek bei Hamburg ³1992.
Žirmunskij, V. M.: Bairon i Puškin. Leningrad 1978.
Živov, V. M.: Koščunstvenannaja poėzija v sisteme russkoj kul'tury
    konca XVIII – načala XIX v. In: Trudy po znakovym sistemam
    XIII (1981).
Žolkovskij, A. K.: Invarianty Puškina. In: Trudy po znakovym siste-
    mam XI (1979).

Nachwort

Vom »heiteren Namen«, vom »leichten Namen: Puschkin«, der in seiner Erinnerung seit Kindestagen neben den »düsteren Namen von Herrschern, Feldherrn, Erfindern von Mordwaffen, Folterknechten und Märtyrern« stand, sprach am 11. Februar 1921 im postrevolutionären Petrograd anläßlich der vierundachtzigsten Wiederkehr des Todestages von Alexander Puschkin der russische Symbolist Alexander Blok. Und er fügte hinzu: »Puschkin vermochte seine schöpferische Bürde so leicht zu tragen, obgleich die Rolle des Dichters weder leicht noch heiter ist; sie ist tragisch.«

Die Leichtigkeit und Heiterkeit Puschkins verdankt sich vielleicht seiner Fähigkeit, die Co-Präsenz gegensätzlicher Gegebenheiten als Wahlmöglichkeit, als Freiheit der Wahl zu erkennen. Die Tragik Puschkins war es (auch), daß er diese Wahlfreiheit zwar in seiner Schreibpraxis verwirklichen konnte, in seiner Lebenspraxis aber immer wieder durch die Eingriffe politischer Herrscher eingeschränkt wurde.

Doch es gibt, so jedenfalls formuliert es im Brief an einen befreundeten Kontrahenten der russische Literaturtheoretiker Jurij Lotman, der dem Œuvre Puschkins Dutzende wissenschaftlicher Studien und seiner Biographie eine populäre Darstellung widmete, »Tragödien der Kraft und Tragödien der Schwäche«. Puschkin demonstrierte für Lotman seine Stärke (und eben sie läßt ihn leicht und heiter bleiben und erscheinen) darin, daß er auch die widrigsten Lebensumstände produktiv für sich zu nutzen verstand. Obwohl Puschkin »kein Schoßkind des Schicksals« war, »modellierte« er »souverän [...] die Welt, in die es ihn jeweils verschlug [...]. Darum sind auch die schwersten Perioden seines Daseins licht zu nennen.«

Alexander Puschkin, im letzten Jahr des 18. Jahrhunderts geboren (1799) und als nur Siebenunddreißigjähriger (1837) an den Folgen eines Duells um seine und die Ehre seiner Frau gestorben, hat auch sein Leben als (s)ein Kunstwerk aufgefaßt.

Was macht eine dichterische Persönlichkeit aus? Diese Frage beschäftigte Puschkin seit seiner Schulzeit in Zarskoje Selo, in jenem Lyzeum, das 1811 in der kaiserlichen Sommerresidenz bei St. Petersburg eröffnet worden war. Der zwölfjährige, aus Moskau stammende Puschkin gehörte zum ersten Schülerjahrgang dieser am 19. Oktober gegründeten Eliteschule, die als Bildungsanstalt für junge Adlige gedacht war, um sie für den Staatsdienst vorzubereiten. Viele der Lyzeaten gingen literarischen Beschäftigungen nach.

Der »Geist von Zarskoje Selo« war – zumindest anfänglich – geprägt von aufgeklärt liberalen Ideen der Zeit, die Anerkennung der Einzelpersönlichkeit (auch der der erst heranwachsenden Schüler) verhießen und Freundschaft als Brüderlichkeit proklamierten. Die emotionale, d. h. selbst gewählte Beziehung stand dabei höher als die blutsgemäß vorgegebene.

Dies hatte für Alexander Puschkin eine ganz eigene Relevanz. Sein schwieriges Verhältnis zu seinen Eltern, dem geizigen Vater und der sich entziehenden Mutter, wurde aufgehoben im Kult der Freundschaft zu denen, die er in Zarskoje Selo fand und denen er (vor allem den späteren Dichtern bzw. Revolutionären: Delwig, Küchelbecker, Puschtschin) lebenslang die Treue hielt. Von ihnen spricht er als der »Familie der Freunde«. Dabei war sich Puschkin seiner eigenen familiären Abstammung durchaus und mit Stolz bewußt: väterlicherseits blickte er auf ein mehr als sechshundertjähriges russisches Adelsgeschlecht zurück, das an wesentlichen Daten der russischen Geschichte entscheidend mitgewirkt hatte. Mütterlicherseits nannte er den berühmten »Mohr Peters des Großen« seinen Urgroßvater: einen adligen Abessinier, der als Gefangener dem gewaltigen russischen Initiator-Zaren geschenkt worden war. Dieser hatte ihn an Sohnes Statt angenommen und ihm seinen Eigennamen als Vatersnamen verliehen – mittelbar also konnte Alexander Puschkin Peter den Großen seinen Wahl-Vorfahren nennen.

Mit seinen Reformen, vor allem mit der Gründung der zweiten russischen Hauptstadt St. Petersburg, hatte Peter der Große, wie ihn Puschkin in seinem Versepos *Der eherne Reiter* sagen läßt,

»das Fenster nach Europa« aufgestoßen. Dies hatte eine gewaltsame Westeuropäisierung der russischen Kultur zur Folge. Von nun an stand der russische Adlige im 18. Jahrhundert vor der Wahl, ob er sich an den angestammt heimischen oder den zu übernehmenden fremden Verhaltensregeln ausrichten sollte. Die Familie Puschkin entschied sich offensichtlich für die europäische Variante. Jedenfalls erhielt der junge Alexander noch in seinem Elternhaus eine glänzende französische Sprachbildung und verschaffte sich einigermaßen früh und offensichtlich unerlaubt Zugang zur väterlichen Bibliothek, las gleichermaßen Werke der französischen Aufklärung (vor allem Voltaire) und erotische Literatur.

Die das 18. Jahrhundert bestimmende Diskussion um das Selbstverständnis der russischen Kultur in ihrer Annäherung an und ihrer Abgrenzung von der westeuropäischen Kultur hat wesentlich die Versuche bestimmt, eine russische Literatursprache zu konzipieren. Wieder muß zurückverwiesen werden auf das Reformwerk Peters des Großen, das mittelbar auch zur Emanzipierung eines weltlichen Schriftstellers, eines autonomen Dichters geführt hat. Peter war wenig mehr gelegen an Kopisten sakraler Schriften. Er suchte befähigte staatlich zu bestellende Schreiber, vor allem aber Übersetzer, die Bücher mit praktischem Nutzwert fertigstellen könnten (wobei freilich auch zu erwähnen ist, daß Peter Werke mythologischen und emblematischen Charakters forderte und förderte, da er auch sie für didaktisch wichtig erachtete). Sprachlich war dieser neuen Pragmatik das Kirchenslawische des altrussischen Schrifttums nicht mehr, die russische Umgangssprache noch nicht gewachsen. Benötigt wurde eine für unterschiedliche Sprach- und Stilanforderungen allgemein verbindliche, normierte, polyvalente Standardsprache. Deren Grammatik wurde 1755 von dem russischen Naturwissenschaftler, Rhetoriker und Dichter Michail Lomonossow, der u. a. in Marburg bei Christian Wolff studiert hatte, nach dem Vorbild anderer westeuropäischer Sprachen entworfen. Sie suchte, das Mischungsverhältnis von Kirchenslawismen und Russizismen systematisch für eine Gattungsordnung zu nutzen. Lomonossow verband also seine Normierung der Literatursprache mit einer Stiltheorie.

Dem Hohen Stil (mit Dominanz kirchenslawischer Elemente) ordnete er z. B. die Ode zu; dem Mittleren Stil (mit motiviertem Gebrauch sowohl kirchenslawischer wie russischer Spracheinheiten) versifizierte Episteln, satirische Gedichte und Elegien; dem Niedrigen Stil, der sich nahezu auf die russische Umgangssprache beschränken sollte, u. a. Epigramme und Lieder.

Die Auseinandersetzung um eine russische Literatursprache war damit keineswegs abgeschlossen; sie verband sich bald mit der Frage um die nationale Identität, die ausgefochten wurde vor allem zwischen dem Westeuropa-Reisenden Nikolaj Karamsin (Puschkin lernte ihn in seinem Moskauer Elternhaus kennen), der den »leichten« Mittleren Stil zur Grundlage seiner empfindsamen Prosa wählte, und dem Admiral und späteren Minister für Aufklärung Schischkow, der diese Wahl für einen Verrat an den authentischen russischen Werten hielt, die vor allem das überkommene Kirchenslawische verbürge.

Die mit der Sprachnormierung verbundenen Genrezuordnungen blieben folgenreich auch zu jener Zeit, als sich die literarische Persönlichkeit Puschkins zu profilieren begann. Seine Dichter-Vorbilder ebenso wie seine Freunde galten als Repräsentanten je eines Genres: Batjuschkow als Elegien-Dichter; um das Genre der Ode stritt Puschkin mit seinem Lyzeums-Freund Küchelbecker; einen anderen Lyzeaten – Delwig – stellt Puschkin selbst als *den* russischen Sonett-Dichter vor (»Sonett«).

Als Puschkin Ende Dezember 1825 einen ersten Sammelband seiner Gedichte veröffentlichen (lassen) konnte, wählte er als Selektionsprinzip noch das der Genreunterscheidung, nicht etwa das der chronologischen Anordnung. Obwohl er dergestalt die Genredifferenzierung berücksichtigte (und sie macht ja auch den Titel mancher in unserer Ausgabe vorgestellten Gedichte aus), hob er sie dennoch in dem übergeordneten Publikationsprinzip ›Werke eines Dichters‹ – »Die Gedichte von Alexander Puschkin« – auf: Nicht die Stilordnung dominiert, sondern die kreative (synthetisierende) Präsentation eines Autors. »Puschkin hat für immer die Grenzen zwischen den klassischen drei Stilen des 18. Jahrhunderts aufgehoben«, schrieb der russische Linguist W. W. Winogradow. »Indem er dieses Schema zerstörte, begründete und sanktionierte er die Vielfalt der nationalen Stile [...]. Infolgedessen eröffnete sich die Möglichkeit der unendlichen künstlerisch-individuellen Variierung der literarischen Stile.«

Nur wenige Monate nach der Eröffnung des Lyzeums erfuhren dessen Schüler, nicht zuletzt durch Angehörige des in Zarskoje Selo stationierten Husarenregiments, von der aktuellen politischen und militärischen Lage: die Große Armee Napoleons stand mit 450 000 Mann und 1146 Geschützen an der russischen Grenze.

Am 7. September 1812 erlitt das russische Heer unter Generalfeldmarschall Kutusow bei Borodino, westlich von Moskau, eine blutige Niederlage. Am 14. September zog Napoleon in der alten russischen Hauptstadt ein. Doch sie war menschenleer. Sie brannte. Der französische Kaiser war zum Rückzug gezwungen. Der russische Zar bestand darauf, daß der Krieg der verbündeten Truppen von Russen, Preußen und Österreichern gegen Napoleon fortgesetzt, daß er nach Westeuropa zurückgelenkt werde. Am 30. März 1814 kapitulierte Paris. Noch einmal usurpiert Napoleon im nächsten Jahr für hundert Tage die Macht; doch er wird endgültig besiegt und auf der Insel St. Helena gefangengesetzt.

Im November 1815 schreibt der sechzehnjährige Puschkin seine Verse »Die Rose«, mit der unsere Anthologie beginnt. Wie kann dieser kunstvoll verschlüsselte Text gelesen werden, der vom Welken der Rose spricht, das Aufblühen der Lilie prophezeit und begrüßt? Ist er bestimmt vor allem von erotischen Anklängen? Oder meint er metapoetisch Dichter der Erotik, schwindende und kommende? Bringt der junge Dichter sich hier kühn selbst ins Spiel gegen den berühmten Anakreontiker, den »Dichter der Rosen«, Konstantin Batjuschkow, der als Militär an den russischen Feldzügen nach Westeuropa teilgenommen hat?

Setzt im Antagonismus zwischen Rosen- und Liliensymbol Puschkin auch heraldische Assoziationen ein? Stellt er dem ehemaligen Repräsentanten der Morgenröte, der Revolution, sprich Napoleon, das Zeichen der neuerlichen Bourbonenherrschaft, die Lilie, entgegen, wie M. und S. Senderovich in ihren sehr differenzierten Analysen dieses leichten Puschkin-Gedichtchens annehmen?

Solche Doppellektüren, die wiederholt auch in den Kommentaren unserer Ausgabe vorgeschlagen werden, ermöglichen und erfordern die Gedichte Puschkins, weil sie von Mehrfachverweisen gespeist und getränkt sind.

Die in Zarskoje Selo gegebene topographische Nachbarschaft von Lyzeum und Militär nutzte Puschkin später als poetologische Analogisierung vor zunächst patriotischem, dann revolutionärem Aufbruch und erotischem (Sich-)Wiederfinden: »Wir erwarten mit sehnender Hoffnung / den Augenblick der heiligen Freiheit / wie ein junger Liebhaber / den Augenblick des sicheren Wiedersehens erwartet« (erstes Gedicht »An Tschaadajew«).

Am 8. Januar 1815 trägt der junge Puschkin bei einem Examen vor einem großen Publikum, zu dem auch der Dichter Gawrila Dershawin gehört, seine Ode »Erinnerungen in Zarskoje Selo« vor (nicht zu verwechseln mit dem Gedicht »Zarskoje Selo«, das unsere Anthologie enthält). Die Ode rühmt die früheren Heldentaten des russischen Heeres und jene Sänger, unter ihnen auch Dershawin, die diese Heldentaten gepriesen hatten.

Mit Dershawin begegnete Puschkin in Zarskoje Selo jener Schriftsteller des späten 18. Jahrhunderts, der in der russischen Kultur ein neues – geniales – Selbstverständnis des Dichters zu etablieren begann.

Wenn Puschkin später als Emblem für die Poesie von Zarskoje Selo das Motiv der »stolzen Schar der ruhigen Schwäne« (»Zarskoje Selo«), die im stillen Schloß-See dahinziehen, wählt – konkretes Naturbild und Symbol des Dichters zugleich –, dann hat er es in diesem Doppelverständnis aus der Poesie von Dershawin übernommen (und so wird es in unserem Jahrhundert die Lyrik von Anna Achmatowa weitertragen).

In jener Ode gedenkt Puschkin, ohne ihn namentlich zu nennen, noch eines anderen Dichters: Wassilij Schukowskijs. Unter dem Eindruck der russischen Niederlage von Borodino hatte er die Versdichtung *Der Sänger im Lager der russischen Krieger* geschrieben. Indem der Lyzeat Puschkin in seiner eigenen Dichtung an die früheren Triumphe und die gegenwärtigen Verluste erinnert, vermag er beide zu integrieren.

Dershawin und Schukowskij repräsentierten nicht nur unterschiedliche Epochen-Stile (Klassizismus vs. Romantik), sie gehörten in diesem Jahr 1815 auch opponierenden literarischen Gruppierungen an. Der Ältere dem »Colloquium der Freunde der russischen Literatur«, der um vierzig Jahre Jüngere, als Schriftführer, dem gegen jenes »Colloquium« polemisierenden Zirkel »Arsamas«. In ihn wurde der wohlgemerkt erst sechzehnjährige Puschkin aufgenommen. Hier begann seine persönliche Freundschaft mit Schukowskij und Wjasemskij (zwanzig Jahre später werden sie ihm ihren Handschuh in den Sarg mitgeben), hier setzte sich seine Freundschaft mit Alexander Turgenjew fort, dem er den Zugang zum Lyzeum sowohl wie zum »Arsamas« verdankte (nur Turgenjew wird 1837 den Leichnam Puschkins ins Gouvernement Pskow eskortieren können).

War die Freundschaft bereits für die Lyzeaten prägend gewesen, so verstärkte die Gesellschaft des »Arsamas« noch den Kult der »Großen Gemeinsamkeit«. Doch sie präsentierte ihn ohne Pathos, (selbst)ironisch, leicht und heiter – im souveränen Raum einer Lach-Kultur, in dem die »leichte Poesie« gepflegt wurde. Explizit gegen den sublimen Anspruch des »Colloquiums« benannte sich der »Arsamas« nach der gleichnamigen russischen Provinzstadt, gab seinen Mitgliedern Scherznamen, absichtsvoll ländliche – Puschkin hieß man »Die Grille«.

Einbezogen in die Verspottung wurden auch sakrale und religiöse Texte. Doch Puschkin (und hier steht er gewissermaßen in der Oden-Tradition eines Lomonossow, der weltlichen und himmlischen Herrscher gleichsetzt) nutzt eine solche Verkehrung von Sakralem und Profanem nicht nur demontierend-despektirlich. Im Gedicht »Der Prophet« adoptiert er nachdrücklich für seine Weihe des Dichters die sakralisierende Perspektive.

Im Juli 1816 starb Dershawin. Die Polemik des »Arsamas« verlor ihre Spitze. Der Zirkel begann zu zerfallen. Doch die Freundschaft blieb. Es blieb auch das ausgesprochene Bemühen, eine literarische Zeitschrift zu begründen. Puschkin sollte dieses Bemühen in seinen letzten Lebensjahren realisieren.

In den sechs Jahren, die Puschkin das Lyzeum besuchte (1811 bis 1817), hat er etwa 120 Gedichte geschrieben, sich in den unterschiedlichsten Vers-Genres, Stilen und Intonationen erprobend. Freundes-Episteln (etwa »An Delwig«) bergen sein poetisches Auto-Porträt: das des (zu) früh von den Göttern Erwählten, von den Musen Inspirierten. Doch das Element der Frühreife trägt mit sich auch die Furcht vor allzu frühem Verstummen: »Wie Rauch hat sich meine leichte Gabe verflüchtigt.«

Das Motiv der Inspiration findet Gegen-Komponenten: die Scheidung von Augenblicken der Begeisterung und stumpfer Alltäglichkeit im eigenen Leben (sie wird einmal reichen bis zum apokalyptischen Bild des nichtigen Lebens, das die Schriftrolle untilgbar präsentiert: »Erinnerung«), aber auch die Kluft zwischen poetischer Authentizität und dem was ihm an Neid und Verleumdung in der Gesellschaft widerfuhr.

In der Pose der Romantik gibt sich der Dichter als Einsamer, Verlassener, Unverstandener, Nicht-Erwählter. Und dies zumal in seinen Liebesgedichten. Der Liebende trauert gewesenen Liebesfreuden nach (»An Morpheus«), hofft auf deren Erneuerung (»Erwachen«); doch die Gegenwart ist leer, ist ohne Liebe.

Die Zeit des lyrischen Ichs ist die Nacht, in der es von einem anderen Leben träumen kann, in deren Schlaflosigkeit es aber freilich später auch nach dem Sinn des Lebens überhaupt fragen wird.

Zu Ende der Lyzeums-Zeit herrscht das Genre der Elegie vor,

die zwei Zeiten zu überbrücken bemüht ist und gerade darin Ausdruck für eine innere Spannung, eine Krise wird (Senderovich).

Doch dieser sich selbst stilisierende Dichter schreibt durchaus auch bissige Epigramme, so wie er später die Geißel der »flammenden Satire« zu seiner Muse küren wird (»O Muse der flammenden Satire«).

Beachtlich ist auch, wie er immer wieder Dichtung nicht nur als Frucht der Inspiration versteht – sondern als Arbeit (»An Delwig«, zweites Gedicht »An Tschaadajew«). Die meisterliche Handhabung der Form macht er sich zur Aufgabe, und wiederum steht er damit als Dichter der Romantik in der Verpflichtung des russischen Klassizismus: *Die arbeitsliebende Biene* hieß die erste privat edierte russische Literaturzeitschrift (1759).

Nach Abschluß des Lyzeums trat Puschkin auf Geheiß des Vaters zwar in den Staatsdienst ein (er wurde Sekretär im Kollegium für Auswärtige Angelegenheiten), vor allem aber unterhielt er intensiven Kontakt zu antizaristischen Geheimgesellschaften, insbesondere zum Mitglied des »Wohlfahrtsbundes« Pjotr Tschaadajew. Als Gardeoffizier war er nach der Schlacht von Borodino mit in Paris einmarschiert; doch in dem Maße, in dem sich Alexander I. reaktionär in der »Heiligen Allianz« etablierte, wuchs die innenpolitische Kritik Tschaadajews. Zu seinem Ideal wurde der Feind – Napoleon – als außerordentliche exzeptionelle Persönlichkeit, die ihre eigene Biographie zu organisieren verstanden hatte. In eben jener Propagierung der persönlichen Autonomie wurde Tschaadajew für Puschkin beispielgebend (zweites Gedicht »An Tschaadajew«). Die ihm gewidmeten Sendschreiben bezeugen den Unterschied in der Handhabung dieses Freundes-Genres bei den Sentimentalisten: hatten sich diese ihrer Herzenseintracht versichern wollen, so arbeiten die Verse Puschkins übereinstimmende geistige Werte heraus. Im Unterschied aber zu anderen revolutionär eingestellten Freunden, die die spätere Dekabristenbewegung formieren werden, ist Puschkins Leben nach der Lyzeumszeit allem anderen als dem Ideal der Askese verpflichtet. Auch dies bekennt er später Tschaadajew.

Eine wohl 1817 geschriebene Ode Puschkins, in der er ein höchstes Staatsgeheimnis, daß der Vater des Zaren ermordet worden ist, preisgibt, kursierte nur handschriftlich. Dennoch wurde der Autor denunziert. Die allerhöchste Rache wies ihn aus St. Petersburg. Nur dank der Fürsprache der Mentoren Karamsin und Tschaadajew entging Puschkin einer Verbannung nach Sibirien oder auf die Solowezker Inseln im Nordmeer. Er wurde in den Süden verbannt, die Verbannung als Versetzung bemäntelt.

Puschkins Gedichte sind doppelstimmig angelegt, sie verlangen nach dem Dialog. Ihr Gesprächsbegehren, sei es in der Form des Geständnisses, der Beschwörung, des Appells, sei es gegenüber einem Freund oder einer Geliebten, signalisiert sich häufig bereits im Titel, im Dativ mit oder ohne Präposition.

In der Verbannung anthropomorphisiert Puschkin sogar das Meer als Freund: ihm gesteht das lyrische Ich sein Verlangen zu fliehen. Der Sprechende vertraut auf das Verstehen des Angesprochenen, weil sich mit ihm auch ein anderer, ein Freiheitskämpfer, hat identifizieren können: »er war dein Sänger, o Meer [...]. / Wie du ward er von nichts bezwungen« (»An das Meer«) – der Gemeinte ist Lord Byron, der sich seit 1823 am Befreiungskrieg der Griechen beteiligt hatte, am 19. April 1824 aber verstorben war.

Byron und Napoleon – Puschkins Gedicht gedenkt ihrer als Toter; der, dem die Flucht nicht gelang, errichtet ihnen in seinen Versen ein Gedenken.

1819 schon hatte Puschkin begonnen, sich mit Lord Byron zu beschäftigen. Durch sein Werk wie durch seine Biographie tritt vor allem in die Versdichtung der Poeme Puschkins das Bild des romantischen Helden ein, das auch die Titelgestalt von Puschkins »Roman in Versen« *Jewgenij Onegin* prägt: es ist der zu früh Gealterte, hoffnungslos Zynische, in seinen Illusionen Enttäuschte, in seinen Versprechungen Täuschende. In den

Gedichten Puschkins hat diese Gestalt als »Dämon« ihren sinnbildlichen Ausdruck gefunden, der freilich partiell wiederaufgehoben wird in der Gegengestalt des »Engels«: »nicht alles am Himmel habe ich gehaßt, / nicht alles auf der Erde habe ich verachtet«.

Politischer Kampf und erotische Bindung: in der südlichen Verbannung verstärkte sich deren Verflechtung – Puschkin verliebte sich in die Frau seines Vorgesetzten, von dem ihn ideologische Differenzen trennten. Im Gedicht »An das Meer« gedenkt er ihrer, Jelisaweta Woronzowas, als jener, die ihn gefesselt habe; sechs Jahre später, vor seiner eigenen Eheschließung, widmete er ihr das Gedicht »Abschied«.

Nach einer neuerlichen Denunziation folgte der südlichen »Versetzung« (1824) die Überstellung in den Norden, scheinbar in heimatliche Gefilde, die sich aber als wenig vertrauenswürdig erwiesen. Denn auf dem Familiengut Michajlowskoje im Gouvernement Pskow war der Vater zum Aufseher über den aufrührerischen Sohn bestimmt. Es kam zu heftigen Auseinandersetzungen und Skandalen, die damit endeten, daß Puschkin allein zurückblieb – gemeinsam mit seiner Amme: Arina Rodionowna.

Doch sie wurde ihm zur Muse, die ihm die russische Volksdichtung nahezubringen vermochte: »Trinken wir, liebe Gefährtin / meiner armseligen Jugend. [...] Singe mir das Lied, wie die Meise / Still jenseits des Meeres lebte; / singe mir das Lied, wie die Jungfrau / am Morgen Wasser holen ging« (»Winterabend«). Gedichte wie »Die Dämonen«, die Puschkin in Michajlowskoje schrieb, zeigen deutlich diesen Einfluß der russischen Folklore. Wenn Puschkin seiner Amme das höchstpoetische Attribut »Gefährtin« zukommen läßt (worauf nicht zuletzt 1936 in französischer Emigration die russische Dichterin Marina Zwetajewa aufmerksam machte), dann zeichnet er damit nicht nur ihr inspirierendes Talent aus, sondern bekundet einmal mehr seine unabhängige ästhetische Wertsetzung. Das beginnende Studium der Folklore während der Verbannung auf einem russischen Landgut ist einer jener von Lotman gemeinten Glücksfälle, wie

Puschkin eine schwierige äußere Situation kreativ zu nutzen verstand.

Den Dekabristenaufstand 1825 hatte Puschkin nicht, wie er wohl gewollt hätte, auf dem Petersburger Senatsplatz mit durchgekämpft (»Arion«). Er sah es, als die grausamen Urteile über seine Freunde gefällt wurden, als seine moralische Verpflichtung als Schriftsteller an, das freie Wort zu bewahren. Er appellierte an die Freunde, die zu jahrzehntelanger Zwangsarbeit nach Sibirien verbannt worden waren, die »stolze Geduld« nicht zu verlieren (»In der Tiefe sibirischer Erze«). Er nahm sich als Rhetor in die Pflicht.

Der neue Zar Nikolaus I. hob Puschkins Verbannung auf und übernahm persönlich die Zensorenfunktion für den Dichter.

In der folgenden Zeit verstärkten sich Puschkins historische Interessen, was eine gattungsmäßige Verlagerung zu Prosa und Publizistik mit sich führte. Doch eine Beteiligung am Russisch-Türkischen Krieg als Berichterstatter wurde ihm von höchster Stelle untersagt. 1829 reiste er auf eigene Verantwortung zum Kriegsschauplatz in den Kaukasus. Es verlangte ihn nach Freiheit, und wiederum kann er Freiheit nur als Flucht imaginieren (»Das Kloster auf dem Kasbek«). Er gedachte während seines Georgienaufenthaltes derjenigen, mit der er während seiner ersten Verbannung durch diesen Landstrich gereist war. Das Gedicht »Auf Georgiens Hügeln« wurde Marija Wolkonskaja zugesandt, der Frau eines Dekabristen, die sich entschieden hatte, ihrem Mann nach Sibirien zu folgen.

Vor seiner Kaukasus-Reise noch hatte Puschkin Natalja Gontscharowa kennengelernt. In einem Sonett, dem hochartifiziellen Genre Dantes und Petrarcas, projiziert der einunddreißigjährige Puschkin das Ideal der Heiligen Familie von einem Gemälde Raffaels auf die dreizehn Jahre Jüngere (»Die Madonna«).

1831 fand nach langem Werben Puschkins die Hochzeit statt. Durch seine allgemein umschwärmte Frau wurde der Dichter sehr viel mehr an den Zarenhof und seine Intrigen gebunden.

Schlimmste Pein erschien ihm der Wahnsinn, die Verkehrung der göttlichen Inspiration (»Gott, laß mich nicht den Verstand verlieren«), weil sie die schlimmste Verschlechterung der ohnehin schlechten Alltäglichkeit bringen würde, nämlich soziale Ächtung und Gefangenschaft. Dieses Schicksal erlitt im letzten Lebensjahr Puschkins Pjotr Tschaadajew insofern, als ihn der Zar nach der Veröffentlichung des Ersten Philosophischen Briefes mit seiner vernichtenden Rußlandkritik für wahnsinnig erklären und zu permanentem Haus-Arrest verurteilen ließ.

Vergebens bat Puschkin die geliebte Frau um kreative Stille und gefühlsmäßige Gemeinsamkeit (»Es ist Zeit, meine Freundin«).

Puschkin konnte sich nicht freimachen von Neid und Verleumdungen, die er immer so verabscheut hatte. Er ließ sich zu einem Duell provozieren und handelte damit dem Ritter-Codex russischer Adliger der nachpetrinischen Zeit entsprechend, die sich für eine westeuropäische Verhaltensetikette entschieden hatten.

Die Kränkung, die Puschkins Ehre erlitten hatte, war tödlich. Tödlich war die Verletzung, die er im Duell davontrug.

In den letzten Lebensjahren Puschkins hatte, wie gesagt, die Prosa etwas die Lyrik in seinem Schaffen zurückgedrängt. Doch obgleich er weniger und kürzere Gedichte schrieb, kehrte er immer wieder zu dieser Gattung zurück.

Im Sommer 1836, den er auf der Steinernen Insel am Rande Petersburgs verbrachte, schrieb er, vornehmlich in sechshebigen Jamben, dem Alexandriner, dem in seinen Jugendgedichten gern gebrauchten Metrum, jene beiden Gedichte, die hier am Ende unserer Anthologie stehen: Ist das letzte inspiriert von der bekannten, als Motto zitierten Ode des Horaz: »Exegi monumentum«, in der die kommende Unsterblichkeit des eigenen dichterischen Werks vorausbeschworen wird, so vereinigt das vorhergehende (»Wenn ich mich vor der Stadt«) zwei Friedhofsbilder – die großstädtische Impression und (ganz im Sinne der englischen empfindsamen Friedhofslyrik, die Shukowskij in Rußland populär gemacht hatte) eine ländliche Reminiszenz.

Im Frühling dieses Jahres, des letzten Jahres im Leben Puschkins, hatte er den Leichnam seiner Mutter auf ihr Familiengut in Michajlowskoje zurückgebracht, in dessen Nähe sie auf dem Klosterfriedhof von Swjatogor bestattet worden war.

Im Februar 1837 wurde Puschkin selbst dorthin überführt und neben ihr beigesetzt.

Johanna Renate Döring-Smirnov